Ratgeber Lese-/Rechtschreibstörung (LRS)

Ratgeber Kinder- und Jugendpsychotherapie
Band 26

Ratgeber Lese-/Rechtschreibstörung (LRS)

Prof. Dr. Gerd Schulte-Körne, Dr. Katharina Galuschka

Herausgeber der Reihe:

Prof. Dr. Manfred Döpfner, Prof. Dr. Dr. Martin Holtmann, Prof. Dr. Franz Petermann

Begründer der Reihe:

Manfred Döpfner, Gerd Lehmkuhl, Franz Petermann

Gerd Schulte-Körne
Katharina Galuschka

Ratgeber Lese-/Rechtschreibstörung (LRS)

Informationen für Betroffene, Eltern, Lehrer und Erzieher

hogrefe

Prof. Dr. med. Gerd Schulte-Körne, geb. 1961. Seit 2006 Inhaber des Lehrstuhls für Kinder- und Jugendpsychiatrie und -psychotherapie an der Ludwig-Maximilians-Universität München und Direktor der Universitätsklinik für Kinder- und Jugendpsychiatrie, Psychosomatik und Psychotherapie am Klinikum der Universität München.

Dr. Katharina Galuschka, geb. 1986. Seit 2011 wissenschaftliche Mitarbeiterin an der Klinik und Poliklinik für Kinder- und Jugendpsychiatrie, Psychosomatik und Psychotherapie der Universität München.

Bibliografische Information der Deutschen Nationalbibliothek
Die Deutsche Nationalbibliothek verzeichnet diese Publikation in der Deutschen Nationalbibliografie; detaillierte bibliografische Daten sind im Internet über http://dnb.dnb.de abrufbar.

Hogrefe Verlag GmbH & Co. KG
Merkelstraße 3
37085 Göttingen
Deutschland
Tel. +49 551 999 50 0
Fax +49 551 999 50 111
verlag@hogrefe.de
www.hogrefe.de

Umschlagabbildung: © iStock.com by Getty Images / Imgorthand
Illustrationen: Klaus Gehrmann, Freiburg; www.klausgehrmann.net
Satz: Mediengestaltung Meike Cichos, Göttingen
Druck: Media-Print Informationstechnologie GmbH, Paderborn
Printed in Germany
Auf säurefreiem Papier gedruckt

1. Auflage 2019

(E-Book-ISBN [PDF] 978-3-8409-2722-5; E-Book-ISBN [EPUB] 978-3-8444-2722-6)
ISBN 978-3-8017-2722-2
http://doi.org/10.1026/02722-000

Zielsetzung des Ratgebers

Der Ratgeber richtet sich an Eltern, deren Kind erhebliche Probleme beim Erwerb des Lesens und Rechtschreibens hat, an die betroffenen Kinder und Jugendlichen selbst, an Lehrkräfte und alle, die sich über die Diagnostik, Unterstützungsmöglichkeiten und Hilfen bei der Lese- und/oder Rechtschreibstörung (Legasthenie) informieren möchten.

Der Ratgeber bietet wichtige Basisinformationen zur Lese-/Rechtschreibstörung und gibt konkrete Empfehlungen zur Hilfe und Unterstützung betroffener Kinder und Jugendlicher in den verschiedenen Lebensbereichen: zu Hause, in der Schule und bei der außerschulischen Lernförderung.

Ein Kapitel richtet sich an Jugendliche selbst, die an einer Lese- und/oder Rechtschreibstörung leiden. Ohne die schwierige Situation zu beschönigen, es soll Mut zugesprochen und Möglichkeiten aufgezeigt werden, die helfen, mit der Störung zu leben.

Der Anhang hält Leseempfehlungen und hilfreiche Adressen und Webseiten bereit.

München, Mai 2018 *Gerd Schulte-Körne* und *Katharina Galuschka*

Inhaltsverzeichnis

1 Kennen Sie das? Berichte von Kindern und Jugendlichen und Erwachsenen mit einer Lese- und/oder Rechtschreibstörung

© Klaus Gehrmann

Mathias (2. Klasse, Grundschule) ist acht Jahre alt und besucht seit 1,5 Jahren eine Grundschule. Seinen Eltern fiel bereits in den ersten Wochen der Unterrichtung auf, dass Mathias Schwierigkeiten hatte, Wörter in der Lesefibel in Silben zu trennen und einzelne Laute in Wörtern herauszuhören. Da er der älteste von drei Geschwistern ist und seine Eltern bisher noch keine Erfahrungen mit Schulproblemen im Lesen und Rechtschreiben hatten, vertrauten sie auf den Rat der Deutschlehrerin, Mathias erst einmal zu Hause zu unterstützen und Geduld zu haben. Der Empfehlung der Lehrkraft folgend nahmen sich die Eltern nachmittags Zeit, mit ihm Wörter in Silben zu trennen und einzelne, kurze Wörter zu erlesen. Nach 6 Monaten war das Entschlüsseln von Wörtern jedoch immer noch sehr erschwert, Matthias gelang es jetzt zwar, einzelne Silben in Wörtern zu gliedern und zu verbinden, jedoch war die schnelle Zuordnung von Buchstaben zu Lauten noch fehlerhaft und deutlich verlangsamt. Während seine Klassenkameraden schon eine Vielzahl, ein- und zweisilbiger Wörter und ganze Sätze zusammenhängend lesen konnten, gelang es Mathias lediglich, einzelne Wörter deutlich verlangsamt zu erlesen. Mathias war fröhlich und sehr motiviert zu Beginn des ersten Schuljahres in die Schule gegangen, nach einem halben Jahr äußerte er zunehmend häufiger, dass er keine Lust mehr habe. Bekannte von Mathias Eltern, die mit ihrem Sohn Ähnliches erlebt haben, machten sie zu Beginn der zweiten Klasse darauf aufmerksam, dass Mathias vielleicht eine Leseschwäche haben könnte. Die Eltern möchten Mathias nun untersuchen lassen, um herauszufinden, ob bei ihm eine Lesestörung vorliegt oder ob es andere Ursachen für seine Leseprobleme gibt.

Bei *Frida* (5. Klasse, Gymnasium) wurde in der 2. Klasse eine Rechtschreibstörung durch eine Kinder- und Jugendpsychiaterin diagnostiziert. Frida hatte von Beginn des Schriftsprachunterrichts und trotz intensiven Übens zu Hause erhebliche Probleme, Wörter richtig zu schreiben. Bevor die Diagnose gestellt wurde, hatten ihre Eltern immer wieder Diktate zu Hause geschrieben, da sie hofften, dass sich durch das wiederholte Schreiben von Wörtern und Sätzen die Rechtschreibung verbessern würde. Jedoch war der Erfolg nur sehr gering. Sie verbrachten viele Nachmittage zu Hause mit der letztendlich frustrierenden Erfahrung, für Frida wie für ihre Eltern, dass das viele Üben kaum etwas geändert hat. Erst durch das Ergebnis der kinder- und jugendpsychiatrischen Untersuchung wurde Frida und ihren Eltern klar, dass Frida eine Rechtschreibstörung hat und dass das wiederholte Schreiben einzelner Wörter keine spezifische Förderung ersetzt. Außerdem informierte die Ärztin Mutter und Tochter, dass primär die Schule Unterstützung und Entlastung für Frida schaffen sollte. Jedoch konnte in der Schule keine spezifische Förderung zusätzlich zum Deutschunterricht angeboten werden, sodass Fridas Eltern sich selbst um eine außerschulische Förderung kümmern und diese finanzieren mussten. Für Frida wurde eine Therapeutin gefunden, die für die Rechtschreibförderung zertifiziert war. Die Therapeutin setzte bei, selbst für Frida, einfachen Aufgaben an und fügte neue und schwerere Aufgaben erst nach und nach hinzu. Frida konnte in jeder Förderstunde erleben, was sie bereits erlernt hat. Jedoch dauerte die Förderung mehrere Monate, bis sich erste Erfolge auch in der Schule bemerkbar machten. Das Gefühl, wieder etwas zu können und durch Arbeitseinsatz Erfolg zu haben, war für Frida sehr wichtig. Diese Erfahrung wirkte sich positiv auf ihre Lernmotivation aus. So war Frida nicht nur im Rechtschreiben, sondern auch in allen anderen Schulfächer wieder mehr motiviert, zu lernen.

Paul (Student im 4. Semester) studiert im 4. Semester BWL, bei ihm wurde bereits im Grundschulalter eine Lese-Rechtschreibstörung diagnostiziert. In der Schule erhielt er Unterstützung in Form von Nachteilsausgleich (Zeitzuschlag bei Prüfungen), zusätzlich erhielt er Notenschutz (Rechtschreibung wurde bei den schriftlichen Arbeiten nicht bewertet). Mit Unterstützung der Schule und einer außerschulischen Förderung bestand Paul das Abitur und begann ein Studium. Jedoch wurde seine Lese-Rechtschreibstörung im Studium nicht anerkannt, weder in Seminaren noch bei Hausarbeiten. Paul entwickelte eine ausgeprägte Angst vor Prüfungssituationen und in Seminaren hatte er Angst, etwas Vorlesen oder Schreiben zu müssen. Da er zunächst nicht wusste, warum ihm ihn in Prüfungen plötzlich das Herz zu rasen begann, er stark schwitze und ein ausgesprochenes Leeregefühl im Kopf hatte, suchte Paul einen Hausarzt auf. Dort wurden seine Herz- und Kreislauffunktionen untersucht, aber keine krankhafte Veränderung festgestellt. Paul bekam die Empfehlung, sich an einen Psychotherapeuten oder eine Psychotherapeutin zu wenden. Die ambulante Psychotherapie half Paul sehr, mit der Belastungssituation besser umzugehen und seine Prüfungsängste wurden geringer. Jedoch fand er kaum Material, mit dem er weiter an seiner Rechtschreibung arbeiten konnte. Die meisten Übungsmaterialien waren für Kinder und Jugendliche. Daher suchte er Beratung beim Bundesverband Legasthenie und Dyskalkulie e.V. (BVL). Paul erfuhr, dass es bei vielen Volkshochschulen Kurse gibt, die meist jedoch eher für Menschen mit sehr ausgeprägten Schwierigkeiten geeignet seien, also eher für Menschen mit Analphabetismus. Paul lernte durch den BVL andere Erwachsene kennen, die ähnliche Probleme hatten wie er. Dadurch bekam er Tipps zu Computerprogrammen, die er auch zur Verbesserung seiner Rechtschreibung nutzen konnte.

© Klaus Gehrmann

2 Woran erkenne ich, ob mein Kind eine Lese-, Rechtschreib- oder Lese- und Rechtschreibstörung hat?

Eltern bemerken erste Anzeichen einer Lese-Rechtschreibstörung meist sehr früh. Das Lesenlernen ist mühsam, das Verbinden von einzelnen Buchstaben zu den entsprechenden Lauten ist erstaunlich langsam und häufig falsch. Manchmal fällt es den Kindern sogar schwer, einzelne Buchstaben und Laute voneinander zu unterscheiden (wie z. B. das/b/vom/p/). Eltern und Lehrkräfte beobachten, wie die Kinder mühsam versuchen, langsam und stockend aus den Buchstaben vor ihnen ein Wort zu bilden. Viele Kinder benennen alle Buchstaben oder Laute eines Wortes nacheinander oder versuchen, aus den ersten Buchstaben des Wortanfangs das ganze Wort zu erraten. Besonders deutlich wird die Lesestörung bei langen Wörtern, bei unbekannten Wörtern oder Wörtern, die mit mehreren Konsonanten am Wortanfang beginnen.

Die Lesegeschwindigkeit ist durch den beschwerlichen Leseprozess stark verlangsamt, sodass das Erlesen eines Satzes viel Zeit beansprucht und zur Qual werden kann. Alle Aufmerksamkeit der Kinder ist auf die Umsetzung der Buchstaben in ihre Laute und auf die Worterkennung gerichtet, dadurch leidet das Leseverständnis und gelingt meist nur unzureichend. Dies wirkt sich auf alle Lernbereiche negativ aus, bei denen Textverständnis Voraussetzung für das erfolgreiche Lernen ist.

Manche Kinder entwickeln Strategien, um ihre Leseprobleme zu verbergen und in der Schule nicht aufzufallen. So wird versucht, schwer zu lesende Wörter und Wortteile aus dem Satzzusammenhang zu erraten. Dies funktioniert jedoch nur, wenn der Inhalt eines Satzes verstanden wurde und fällt auf, wenn das zu lesende Wort durch ein Wort mit ähnlicher Bedeutung ersetzt wird (z. B. das Wort Fähre durch Boot). Einige Kinder lernen auch ganze Lesetexte auswendig. Diese Strategie ist allerdings sehr aufwendig und funktioniert nur bei kurzen Texten.

Bei der Rechtschreibstörung zeigen sich die Schwierigkeiten von Beginn des Rechtschreiblernens an. Kindern mit ausgeprägten Rechtschreibschwierigkeiten fällt es sehr schwer, den einzelnen gehörten Lauten die entsprechenden Buchstaben zuzuordnen. Dieser Prozess ist verlangsamt und häufig fehlerhaft. Dadurch kann es zu Wortschreibungen kommen, die in nur geringem lautlichen Zusammenhang mit dem Zielwort stehen. Im weiteren Verlauf zeigen sich trotz intensiven Übens sehr ausgeprägte Schwierigkeiten, selbst vermeintlich einfache Wörter, wie z.B. kurze, häufige Wörter, richtig zu schreiben. Häufig wiederkehrende Wortteile, wie z.B. Wortstämme oder Vorsilben (z.B. vor-, ver-) und Nachsilben (z.B. -ung, -ing, -keit) werden in den unterschiedlichen Variationen falsch geschrieben. Auch die Groß- und Kleinschreibung bereitet große Probleme. Die Störung zeigt sich auch beim Abschreiben und beim Verfassen von Texten. Bei der freien Textproduktion kann es zu besonders vielen Rechtschreibfehlern kommen, da Kinder mit einer Rechtschreibstörung häufig ihre komplette Aufmerksamkeit auf das Schreiben der Ideen richten und die Rechtschreibung unberücksichtigt lassen. Umgekehrt kann jedoch auch der sprachliche Ausdruck bei der Textproduktion leiden, wenn die Kinder mit Rechtschreibstörung verstärkt versuchen, Wörter zu benutzen, von denen sie glauben, sie richtig schreiben zu können.

Hinweis

Als ein diagnostisches Merkmal wird immer wieder empfohlen, auf typische Rechtschreibfehler zu achten, wie z.B. das Vertauschen ähnlich aussehender oder klingender Buchstaben. Jedoch ist dies kein sicheres diagnostisches Kriterium, da diese Konstanz von Rechtschreibfehlern nicht vorliegt. Im Gegenteil ist es eher charakteristisch, dass Kinder mit einer Rechtschreibstörung ein- und dasselbe Wort wiederholt unterschiedlich falsch schreiben. Kinder mit einer Rechtschreibstörung machen zwar sehr viele Fehler bei der Rechtschreibung, es gibt aber nicht typische Fehler, an denen man eine Rechtschreibstörung erkennen und diagnostizieren kann.

Die Rechtschreibstörung zeigt sich nicht nur im Fach Deutsch, sondern in allen Fächern, auch in den Fremdsprachen, wie z.B. Englisch und Französisch, die eine Textproduktion erfordern.

Kinder mit Lese- und/oder Rechtschreibstörung haben häufig auch Probleme im Bereich des Rechnens. Diese Probleme können durch die Schwierigkeiten beim Lesen verursacht sein (z.B. beim Leseverstehen von Textaufgaben). Die Schwierigkeiten sind oft aber nicht so ausgeprägt, sodass eine Rechenstörung meist nicht diagnostiziert wird. Trotzdem ist das Erkennen der Rechenprobleme als Folge einer Lesestörung sehr wichtig, um die betroffenen Kinder in Teilbereichen des Rechnens zu fördern oder sie durch schulische Unterstützungsmaßnahmen zu entlasten. Hierzu gehören das Vorlesen der Textaufgabe, eine vereinfachte sprachliche Darstellung der Rechenaufgabe oder das mündliche Mitteilen der Textaufgabe (siehe hierzu auch Formen des Nachteilsausgleich in Kapitel 8.6).

© Klaus Gehrmann

Das wiederholt erlebte Scheitern im Lesen und Rechtschreiben – trotz erheblicher Anstrengungen, die gestellten Aufgaben zu lösen und den schulischen Anforderungen zu entsprechen – ohne einen Ausweg zu wissen, kann sich massiv auf das Selbstwerterleben der Kinder und Jugendlichen auswirken.

So entwickeln viele Kinder mit einer Lese- und/oder Rechtschreibstörung zusätzlich zu den ausgeprägten Problemen im Lesen und/oder Rechtschreiben weniger Lust am Lernen, die Motivation, zur Schule zu gehen, nimmt ab, die anfänglich meist bestehende Begeisterung für die Schule schwindet rasch und wird durch zunehmende Selbstzweifel und geringere Leistungserwartung an sich selbst ersetzt.

Wird die Lese- und/oder Rechtschreibstörung zu spät erkannt und werden keine geeigneten Unterstützungsmaßnahmen eingeleitet, entsteht oft eine emotionale Belastungssituation. Bei Fortbestehen dieser Belastungssituation können ausgeprägte Ängste in Form von Schul-, Versagens- und Leistungsangst entstehen. Die Kinder berichten von morgendlichen Bauch- oder Kopfschmerzen, fühlen sich krank, haben zum Teil Schlafstörungen und wirken niedergeschlagen. Eltern holen sich bei den körperlichen Beschwerden Rat bei der Kinderärztin bzw. dem Kinderarzt und erhalten häufig den Hinweis auf ein unspezifisches Reizdarmsyndrom oder Spannungskopfschmerzen. In einem Gespräch über die Beschwerden des Kindes, die Lebensereignisse, den Schulalltag und die familiäre Situation wird aber meist deutlich, dass es einen zeitlichen Zusammenhang zwischen einer schulischen Anforderungssituation und den Beschwerden gibt. Wegweisend für die Einordnung der Symptomatik ist, dass Eltern von einer Symptomfreiheit, also z.B. keine Bauch- und Kopfschmerzen an den Wochenenden oder in Ferien berichten, was auf einen direkten Zusammenhang von Schule und Beschwerden schließen lässt.

Neben der psychischen Belastung in Folge der Lese- und/oder Rechtschreibstörung treten häufiger weitere psychische Probleme auf, hierzu gehören Störungen der Aufmerksamkeit und eine erhöhte motorische Aktivität. Oft wird bei der Unaufmerksamkeit und der Unruhe des Kindes vom Vorliegen einer Hyperkinetischen Störung oder einer Aufmerksamkeitsdefizit-/Hyperaktivitätsstörung (ADHS) gesprochen. Jedoch liegt das Vollbild dieser Störung bei Kindern mit einer Lese- und/oder Rechtschreibstörung eher selten vor. Wesentlich häufiger geht die Lese- und/oder Rechtschreibstörung mit einer Aufmerksamkeitsstörung einher, die ohne erhöhte motorische Aktivität, also ohne Hyperaktivitätsstörung auftreten kann. Diese Störung zeigt sich in einer kurzen Aufmerksamkeitsspanne von wenigen Minuten, d.h. in der Schwierigkeit, beim Lernen die Aufmerksamkeit selektiv auf einen Lerngegenstand auszurichten und aufrechtzuhalten. Eltern beobachten diese Problematik häufig bei den Hausaufgaben, diese müssen unterbrochen werden. Folglich dauern Hausaufgaben dementsprechend lange. Nicht selten berichten Eltern von täglich mehrstündiger Hausaufgabensituation bereits in der Grundschulzeit.

3 Wann kann man von einer Lese- und/oder Rechtschreibstörung sprechen?

3.1 Lesestörung, Rechtschreibstörung oder Lese- und Rechtschreibstörungen, eine Begriffsklärung zur Lese-/Rechtschreibstörung

In Deutschland werden ganz unterschiedliche Begriffe verwendet, um zu beschreiben, dass ein Kind sehr große Schwierigkeiten beim Erlernen des Lesens und/oder Rechtschreibens hat. Aber es sind nicht nur die Begriffe, die unterschiedlich verstanden und verwendet werden, es ist auch das Konzept der Störung selbst, das sich bei den verschiedenen beteiligten Berufsgruppen unterscheidet.

In der Medizin, Psychologie und Psychotherapie werden die Begriffe der Lese-, der Rechtschreib- und der Lese- und Rechtschreibstörung (LRS[1]) verwendet. Diese Begriffe gehen auf die Internationale Klassifikation psychischer Störungen (ICD-10) zurück (Dilling, Mombour & Schmidt; 2008). Dieses von der Weltgesundheitsorganisation (World Health Organisation, WHO) herausgegebene Manual fasst die körperlichen und psychischen Erkrankungen zusammen, gibt eine Definition der Krankheiten bzw. Störungen, nennt die Diagnosekriterien und den Verlauf. In der ICD-10 werden die sogenannten umschriebenen Entwicklungsstörungen schulischer Fertigkeiten unter dem Buchstaben F.81 beschrieben, zu denen neben der Lese- und Rechtschreibstörung (F81.0), der isolierten Rechtschreibstörung (F81.1) auch die Rechenstörung (F81.2) gezählt wird.

Sehr verbreitet ist auch der Begriff der Legasthenie (Dyslexia im Englischen), der für die Beschreibung einer ausgeprägten Lesestörung in Verbindung mit einer Rechtschreibstörung verwendet wird. Als typisch für die Legasthenie gelten genetische Verursachungsfaktoren und ein chronischer Verlauf.

Im Schulrecht wird sehr häufig von Schülerinnen und Schülern mit besonderem Förderbedarf oder besonderen Schwierigkeiten im Lesen und Recht-

1 LRS wird aus praktischen Gründen als Abkürzung in diesem Band für die drei Störungen Lese-, Rechtschreib- und Lese- und Rechtschreibstörung verwendet.

schreiben gesprochen, zum Beispiel in der Richtlinie der Hansestadt Hamburg oder Verordnungen der Kultusministerien einzelner Bundesländer (siehe Anhang, S. 81–83).

Weit verbreitet ist ebenfalls der Begriff der Teilleistungsstörung, der sich eher an einem ursächlichen Konzept orientiert. Durch die Hervorhebung der in einem spezifischen Leistungsbereich auftretenden Probleme im Lesen oder Rechtschreiben mit dem Begriff der „Teil"-Leistungsstörung wird auf die Abgrenzbarkeit der LRS beispielsweise von einer allgemeinen Lernschwäche oder Lernschwierigkeiten, die im Rahmen einer Aufmerksamkeitsdefizit-/Hyperaktivitätsstörung (ADHS) auftreten, hingewiesen. Dieser Begriff sollte jedoch nicht weiter verwendet werden, da die Forschung der letzten Jahre gezeigt hat, dass bei Kindern mit einer LRS überzufällig häufig auch Probleme im Bereich Mathematik bestehen oder eine Rechenstörung vorliegt. Auch in anderen, neurokognitiven Bereichen, finden sich Überlappungen der LRS mit anderen Störungen, sodass das Teilleistungskonzept die Problematik der Kinder mit einer LRS nicht mehr adäquat abbildet.

Ein einheitlich genutzter Begriff in Schule, Förderung und Forschung für die Störungen ist leider nicht in Sicht, da Schulen und Gesundheitswesen bisher nicht an einer gemeinsamen Lösung arbeiten. Folglich werden für die ärztlich-psychologische Diagnostik die Begriffe der Lese- und/oder Rechtschreibstörung gemäß ICD-10 angewandt, während in den schulischen Verordnungen der Bundesländer weiterhin verschiedene Begriffe verwendet werden.

3.2 Diagnostisches Vorgehen

Die LRS kann aufgrund neuerer Erkenntnisse in drei diagnostisch voneinander abgrenzbare Störungsbilder aufgeteilt werden:

- in eine Lesestörung,
- in eine Rechtschreibstörung und
- in eine kombinierte Lese- und Rechtschreibstörung.

Dies ist eine wichtige Entwicklung, da es bereits in der Vergangenheit Kinder mit isolierten Störungen gab, nämlich einer isolierten Lese- und einer isolierten Rechtschreibstörung, sie jedoch als solche oft nicht er- und anerkannt wurden. Dies hat dazu geführt, dass in der Praxis entweder nur ein Lese- oder ein Rechtschreibtest durchgeführt wurde, was dazu führte, dass bei manchen

Kindern die Störung nicht erkannt wurde und sie auch nicht angemessen gefördert wurden.

Für die Diagnostik und Förderung von Kindern und Jugendlichen mit einer LRS gibt es eine aktuelle Leitlinie zur Diagnostik und Förderung mit dem Titel: S3-Leitlinie: Diagnostik und Behandlung von Kindern und Jugendlichen mit Lese- und/oder Rechtschreibstörung (AWMF, 2015). Diese Leitlinie fasst den aktuellen Erkenntnisstand zur Diagnostik, Förderung und Behandlung zusammen und gibt umfangreiche Handlungsempfehlungen für die Praxis. Sie bietet demzufolge eine Orientierungshilfe für alle Berufsgruppen, die an der Diagnostik und Förderung von Kindern mit Lese- und/oder Rechtschreibstörung beteiligt sind. Sie kann aber auch von den Betroffenen selbst und ihren Angehörigen zur Information genutzt werden.

Grundlage für die Diagnostik einer Lese- und/oder Rechtschreibstörung ist jedoch die bereits erwähnte Internationale Klassifikation der Krankheiten und verwandter Gesundheitsprobleme (ICD-10), die in regelmäßigen Abständen auf der Basis des aktuellen Wissenstandes überarbeitet wird. In den Arztbriefen, ärztlichen Attesten und Gutachten, die Eltern nach der Diagnostik bekommen bzw. der Schule vorgelegt werden, wird regelhaft auf die ICD-10 verwiesen und die Diagnosen gemäß den dort veröffentlichten Kriterien gestellt. In der ICD-10 finden sich konkrete Beschreibungen der Symptomatik, also der Lese- und/oder Rechtschreibprobleme, die Grundlage für die Diagnosestellung sind. Außerdem finden sich dort Informationen zu den psychischen Belastungen, zum Verlauf der einzelnen Störungen. Die Krankenkassen erstatten die Kosten für die Diagnostik bei der LRS nur dann, wenn die Diagnostik gemäß der ICD-10 durchgeführt wurde.

Für den deutschsprachigen Bereich liegt speziell für psychische Störungen im Kindes- und Jugendalter ein Klassifikationsschema vor, das auf der Basis der ICD-10 erstellt wurde und überwiegend auch der ICD-10 entspricht (Remschmidt et al., 2006). Dieses für die psychischen Erkrankungen einschließlich der Entwicklungsstörungen in Deutschland anerkannte Klassifikationsschema ist das sogenannte Multiaxiale Klassifikationsschema psychischer Störungen (abgekürzt: MAS). Dort werden die Kriterien zur Diagnosestellung umfassend beschrieben. Bisher wird in der ICD-10 lediglich zwischen der Lese-Rechtschreibstörung und der isolierten Rechtschreibstörung unterschieden. Die diagnostischen Kriterien der ICD-10 werden derzeit auf Basis des aktuellen Wissenstandes überarbeitet. In der folgenden ICD-11 ist dann eine

Klassifikation in drei Störungen möglich: isolierte Lesestörung (LS), isolierte Rechtschreibstörung (RS) und kombinierte Lese-Rechtschreibstörung (LRS).

Tabelle 1 listet die Einschlusskriterien auf, die erfüllt sein müssen, um die Diagnose einer LRS, LS oder RS zu stellen. Mit Einschlusskriterien werden Faktoren beschrieben, bei denen zunächst geprüft werden muss, ob sie erfüllt sind. Liegen beispielsweise länger andauernde, ausgeprägte Schwierigkeiten im Lesen vor (vgl. Spalte 1 in Tabelle 1), sind zwei wichtige Einschlusskriterien erfüllt, nämlich die Dauer der Problematik (länger als 6 Monate) und der Schweregrad (mindestens unterdurchschnittlich im Lesen und/oder Rechtschreiben).

Es gibt aber auch Kriterien, die, wenn sie vorliegen, die Diagnose einer Lese- und/oder Rechtschreibstörung ausschließen (Ausschlusskriterien). Wenn z. B. eine Gehirnverletzung vorliegt, die durch ein schweres Trauma verursacht wurde, und ein junger Mensch dadurch seine Lesefertigkeit verliert oder diese stark eingeschränkt ist, so stellt die Gehirnverletzung ein Ausschlusskriterium dar und die Diagnose Lesestörung darf nicht gestellt werden (stattdessen wird eine organisch erworbene Lesestörung [Alexie R48.0] festgestellt). Weitere Ausschlusskriterien fasst Tabelle 1 zusammen.

Abzugrenzen sind differenzialdiagnostisch Störungen, bei denen vorübergehend Probleme im Lesen- oder Rechtschreiblernen auftreten (z. B. durch fehlende Beschulung, im Rahmen einer Angststörung oder Depression). Mit Differenzialdiagnose wird ein Prozess bezeichnet, der klären soll, ob es andere Gründe oder Erklärungsmodelle für die Probleme im Lesen und/oder Rechtschreiben gibt. Möglicherweise liegt bei einem Kind eine Angststörung vor, die dazu führt, dass das Kind jeden Tag Gedanken an seine Ängste hat und daher sich nur schlecht in der Schule konzentrieren kann. Bestehen die Ängste über lange Zeit wirkt sich dies auf die schulischen Leistungen aus, die Lese- und Rechtschreibleistungen nehmen ab, obwohl das Kind weiterhin regelmäßig zur Schule geht. In einem solchen Fall würde man nicht von einer LRS sprechen, sondern von schulischen Lernproblemen im Rahmen einer Angststörung. Hieraus würde für die Behandlung folgen, dass nicht die Lese- und Rechtschreibförderung im Vordergrund stände, sondern die Behandlung der Angststörung. Denn erst nach erfolgreicher Behandlung der Ängste wird das Kind besser in der Lage sein, seine Ressourcen für das Lernen zu mobilisieren und Lernfortschritte zu erzielen. Daher ist es immer notwendig, das Kind auch in seinem Erleben, Denken und Fühlen zu untersuchen und bei der Diagnostik nicht ausschließlich auf die Leistungstests zu fokussieren.

Tabelle 1: Ein- und Ausschlusskriterien für die Diagnose einer Lese- und/oder Rechtschreibstörung

Einschlusskriterien	Ausschlusskriterien
Ausgeprägte Schwierigkeiten in einem oder beiden Bereichen des Lesens und des Rechtschreibens	Eine durch eine Verletzung des Gehirns erworbene Lese- und/oder Rechtschreibstörung, nachdem bereits ausreichende Lese- und/oder Rechtschreibfähigkeiten vorhanden waren.
Länger andauernde Schwierigkeiten	Lese- und Rechtschreibprobleme, die durch eine Seh- oder Hörbeeinträchtigung verursacht sind.
Früher Beginn der Störungen, werden nicht erst in der späteren Schullaufbahn erworben	Eine psychische Störung, die zu Beeinträchtigung der Lernfähigkeit und -motivation führt und in Folge auch die Lese- und Rechtschreibentwicklung beeinträchtigt.
Ausreichende Gelegenheit für das Erlernen des Lesens und Rechtschreibens durch angemessene Unterrichtung	
Intelligenz mindestens $IQ \geq 70$	Intelligenzminderung, $IQ < 70$
Leistungen im Lesen, Rechtschreiben oder in beiden Bereichen weit unter dem Niveau, das aufgrund des Alters, der Intelligenz oder Klassenstufe zu erwarten sind.	

Ein Problem der Diagnostik ist, ab welcher Ausprägung der Schwierigkeiten von einer Lese- und/oder Rechtschreibstörung gesprochen werden sollte. Die Frage der Ausprägung versucht man anhand von Leistungstests zu lösen. Mit Leistungstests werden hier die verschiedenen Lese- und Rechtschreibtests bezeichnet. Schreibt beispielsweise ein Kind von 30 Wörtern eines Rechtschreibtests 29 falsch, ist die Rechtschreibstörung ausgeprägt. Bei den Leistungstests werden die individuellen Leistungen des Kindes immer in Bezug zu einer vergleichbaren Schülergruppe hinsichtlich Alter, Klassenstufe und nicht selten auch Schulform gesetzt. Damit soll sichergestellt werden, dass die überprüfte Leistung des Kindes tatsächlich geringer ist, als es aufgrund des Alters und der Klassenstufe zu erwarten ist.

Nach der oben erwähnten S3-Leitlinie zur Diagnostik und Förderung bei der Lese- und/oder Rechtschreibstörung wird die Diagnosestellung einer Lese- und/oder Rechtschreibstörung empfohlen, sobald unterdurchschnittliche Lese- und/oder Rechtschreibleistungen (d.h. der Prozentrang unter 16) vorliegen. Allerdings sollte die Diagnose nicht allein auf dem Ergebnis der Schulleistungstests beruhen. Wie das genaue Vorgehen aussieht, wird im nächsten Kapitel beschrieben.

3.3 Wann sollte eine Lese- und/oder Rechtschreibstörung festgestellt werden und wie?

Prinzipiell sollte eine LRS so früh wie möglich festgestellt werden. Allerdings kann eine Störung, die sich erst während des schulischen Lernprozesses manifestiert, nicht vorschulisch festgestellt werden. Trotzdem ist es möglich, bereits im Vorschulalter Risikofaktoren für Schwierigkeiten im Schriftspracherwerb zu untersuchen, um zeitig auf eine drohende Lese- und/oder Rechtschreibstörung zu reagieren. Zu diesen Risikofaktoren gehören eine beeinträchtigte Sprachentwicklung, eine familiäre Belastung für schulische Entwicklungsstörungen sowie Schwierigkeiten, Wörter in Silben zu unterteilen und Laute zu unterscheiden.

Liegen bei einem Kind in der Schule anhaltende Probleme beim Erlernen des Lesens und/oder Rechtschreibens vor, dies bedeutet länger als sechs Monate, sollte untersucht werden, ob eine LRS vorliegt.

Da der Schweregrad der Störung unterschiedlich sein kann, fallen bei nicht so schwer betroffenen Kindern die Probleme manchmal erst im Verlauf des zweiten Schuljahres oder sogar später auf. Kinder, die über gute Gedächtnisfähigkeiten verfügen, speichern Wörter im Gedächtnis ab, sodass sie trotz Lesestörung bekannte Wörter abrufen können, ohne sie erlesen zu müssen. Diese Kompensationsstrategie ist allerdings nur für einen begrenzten Wortschatz möglich. Manche Kinder schaffen es durch intensive Anstrengungen beeindruckend lange, ihre Leseleistungen bei geübten Texten noch im Durchschnittsbereich zu halten. Mit steigenden Anforderungen durch einen umfangreichen Wortschatz und komplexere Wörter wird jedoch auch bei diesen Kindern im Laufe der Grundschulzeit die Störung deutlich.

Die Diagnostik einer LRS sollte zwar so früh wie möglich durchgeführt werden, ist über die gesamte Lebensspanne möglich, auch im Erwachsenenalter.

Die Untersuchung hat mehrere notwendige Bestandteile, die darauf abzielen, ein möglichst umfassendes diagnostisches Bild von den aktuellen Schwierigkeiten des Kindes zu bekommen. Da es durchaus unterschiedliche Erklärungsmodelle gibt, warum ein Kind erhebliche Probleme im Lesen und Rechtschreiben entwickelt, ist es notwendig, auch alle relevanten diagnostischen Aspekte zu erfassen.

Im Vordergrund der Diagnostik steht das sogenannte anamnestische Gespräch, das meist mit den Eltern durchgeführt wird. Dabei wird die Entwicklung des Kindes von der Geburt bis zur aktuellen Schulsituation besprochen. Ziel der Erhebung ist, Hinweise auf mögliche Entwicklungsverzögerungen in den Bereichen Sprachentwicklung, motorische Entwicklung, Verhaltensentwicklung und emotionale Entwicklung zu bekommen. Ergänzt wird dies durch die Familienanamnese, deren Ziel es ist, Belastungen, aber auch Ressourcen in der Familie zu erkennen. Auf der Basis des Berichtes der Lehrkraft zur Lernentwicklung und der Dokumentation des Lernverlaufs im Lesen und Rechtscheiben der Schülerin bzw. des Schülers ist es möglich, die aktuelle schulische Lernsituation des Kindes deutlich besser einzuschätzen bzw. Veränderungen nachzuvollziehen.

Ein weiterer wichtiger Baustein der Diagnostik ist die Untersuchung der Lese-, Rechtschreib- und Rechenfertigkeiten sowie der kognitiven Funktionen. Hierzu werden standardisierte Testverfahren eingesetzt, die eine individuelle Beurteilung des Leistungsvermögens des Kindes in Bezug zu seiner Klassenstufe oder seinem Lebensalter erlauben. Liegen Hinweise für psychische Belastungen, wie z. B. eine emotionale Belastung oder eine Aufmerksamkeitsproblematik vor, sollten auch diese im Rahmen der Untersuchung anhand diagnostischer Instrumente erfasst werden.

Das Ziel der Diagnostik ist es, herauszuarbeiten, ob eine Lese-, Rechtschreib- oder eine kombinierte Lese-Rechtschreibstörung vorliegt. Die Entscheidung basiert auf den durchgeführten Tests, der Anamnese und der persönlichen Exploration des Kindes und seiner Eltern. Hiermit ist das diagnostische Gespräch gemeint, das sowohl die psychische Befindlichkeit des Kindes als auch kognitive Funktionen, wie z. B. Gedächtnis, überprüft.

Zum diagnostischen Prozess gehört auch die Ausschlussdiagnostik. Hiermit werden alternative Erklärungsmöglichkeiten für die Lese- und/oder Rechtschreibstörung überprüft. Bei der LRS sollte eine allgemein beeinträchtigte Lernfähigkeit ausgeschlossen werden. Diese wird im Schulbericht als eine Schwierigkeit beschrieben, in der zur Verfügung stehenden Zeit und mit der zur Verfügung stehenden Unterstützung ausreichende Lernerfolge in allen Lernbereichen zu erzielen. Zur Diagnostik wird ein Intelligenztest durchgeführt, der verschiedene Leistungsbereiche überprüft.

Weitere Ausschlussgründe für eine Diagnose der Lese- und/oder Rechtschreibstörung sind andere neurologische Krankheiten und Hirnschädigungen, Seh- oder Hörbeeinträchtigungen sowie eine fehlende Beschulung oder erhebliche psychische Probleme, die das Kind davon abhalten, die Lernaufgaben im Lesen und/oder Rechtschreiben zu bewältigen.

Eine körperliche und eine neurologische Untersuchung gehören ebenfalls zur Diagnostik, um sowohl differenzialdiagnostisch körperliche Ursachen auszuschließen oder aber andere Entwicklungsauffälligkeiten zu erfassen. Außerdem sollten bei Hinweisen auf Hör- und Sehprobleme entsprechende fachärztliche Untersuchungen beim Pädaudiologen oder in der Sehschule durchgeführt werden, wie es die S3-Leitlinie (AWMF, 2015) empfiehlt. Zu den Sehbeeinträchtigungen gehören z. B. Kopfschmerzen beim längeren Lesen, verschwommenes Sehen, Augenbrennen, das im Laufe des Tages zunimmt. Manchmal kann schon durch das Tragen einer Brille eine Entlastung für die Augen geschaffen werden und die Beschwerden nehmen ab. Hörstörungen treten dann gehäuft auf, wenn die Kinder in Folge von wiederholt auftretenden Mittelohrentzündungen und einem dadurch bedingten Erguss des Mittelohrs Hörbeeinträchtigungen hatten. Diese Beeinträchtigungen wirken sich auf die Spracherkennung und -unterscheidung aus und können somit auch die in der Schule für den Schriftspracherwerb geforderte Fähigkeit, Laute mit Buchstaben zu verbinden, beeinträchtigen.

Abbildung 1 veranschaulicht die Bausteine der LRS-Diagnostik. Meist ist ein gestuftes Vorgehen für den Diagnostikprozess sinnvoll. Zunächst sollte auf-

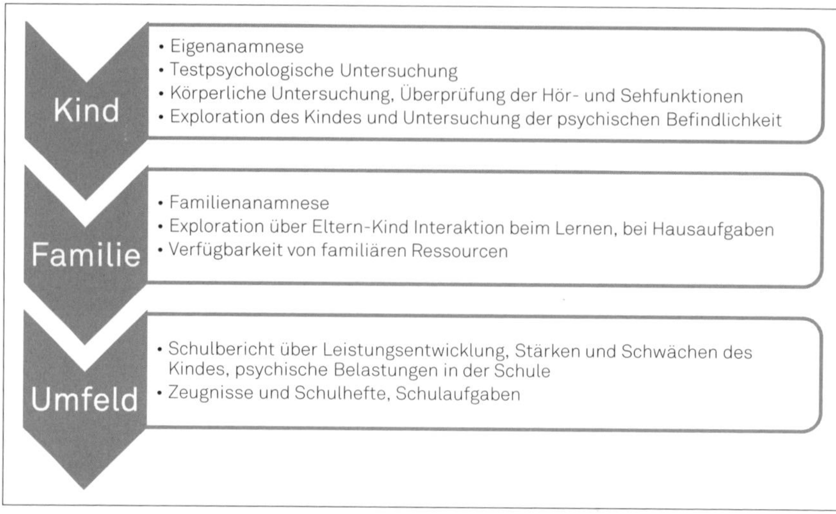

Abbildung 1: Bausteine des Diagnoseprozesses bei einer LRS

grund der Beobachtungen und Beschreibungen des Lernstands und der Lernentwicklung durch die Lehrkraft festgehalten werden, dass bei dem Kind im Schriftspracherwerb Auffälligkeiten vorliegen. Mithilfe der schulischen Ressourcen und unter Einbezug einer Schulpsychologin bzw. eines Schulpsychologen sollte eine erste Diagnostik erfolgen. Wird eine ausgeprägte Lernbeeinträchtigung in einem oder in beiden Lernbereichen, dem Lesen und Rechtschreiben, festgestellt, sollte anschließend eine fachärztliche Untersuchung erfolgen, die alle differenzialdiagnostischen Aspekte berücksichtigt.

3.4 Was passiert nach der Diagnose?

Mit der Diagnose einer Lese- und/oder Rechtschreibstörung stellt sich für Eltern wie für das Kind mit einer LRS die Frage, was als nächstes zu tun ist. Wo gibt es eine Förderung für das Kind? Was muss weiterhin getan werden? Wer übernimmt ggf. die Kosten für die Förderung? Gibt es eine schulische Förderung oder muss nach einer außerschulischen Förderung Ausschau gehalten werden? Auf der Basis der ausführlichen Diagnostik erhält die Familie Förderempfehlungen und bespricht mit der Person, die die Diagnostik durchgeführt hat, die weiteren Schritte. Die Umsetzung der Empfehlungen stellt viele

Familien und ihre Kinder nicht selten vor große Schwierigkeiten, da es, anders als oft erwartet, insbesondere in den weiterführenden Schulen, weder Förderung noch andere Hilfen oder Entlastungen gibt. Bei der Suche nach einer außerschulischen LRS-Förderung erfahren Eltern dann, dass es keine Kostenübernahme der Krankenkassen für die Therapie gibt. Im Vergleich zu anderen Entwicklungsstörungen, wie z. B. der motorischen Entwicklungsstörung oder der Sprachentwicklungsstörung, lehnen es die Krankenkassen ab, die Behandlungskosten zu übernehmen.

Die Förderung der Lese-Rechtschreibleistungen bei einer LRS liegt zunächst im Verantwortungsbereich der Schulen und sollte auch dort durchgeführt werden. Eine schulische Förderung wird jedoch nicht flächendeckend und meist nur im Grundschulbereich angeboten. Oft liegt es im Ermessungsspielraum einzelner Schulen oder Lehrkräfte, welche Art von und in welchem Umfang Förderunterricht angeboten wird. Auf die Formen und Inhalte der Förderung, zum Beispiel als Gruppenförderung und als Einzelförderung, können Eltern und Kindern meist keinen Einfluss nehmen. Das Spektrum der Förderleistungen an den deutschen Schulen ist derzeit sehr groß, es reicht von fehlender Förderung bis hin zu evidenzbasierter Gruppenförderung.

Liegt eine psychische Belastung bei einem Kind mit einer LRS vor, ist entweder eine integrative Lerntherapie, die sowohl die Lernförderung als auch die Behandlung der psychischen Probleme umfasst oder eine Kombination aus Lerntherapie und Psychotherapie sinnvoll. Die Kostenübernahme der Psychotherapie erfolgt über die Krankenkasse, allerdings liegen hier auch Beschränkungen bzgl. des Leistungsumfangs bei einzelnen Kassen vor. Die Entscheidung, ob eine zusätzliche Psychotherapie notwendig ist, hängt vom Schweregrad und der individuellen Beeinträchtigung des Kindes durch die psychische Störung ab.

Zusätzlich zu den Hilfen in der Schule und der außerschulischen Lernförderung ist ein wichtiges Handlungsfeld die Hausaufgabensituation und die Entlastung und Unterstützung zu Hause. Gemeinsam mit den Eltern und dem Kind sollte erarbeitet werden, wie eine Überforderung bei der Lernunterstützung vermieden werden und wie eine angemessene LRS-Unterstützung zu Hause gestaltet werden kann (siehe hierzu ausführlicher Kapitel 9).

3.5 Wie häufig treten die Probleme auf?

Die Lesestörung, Rechtschreibstörung und die Lese- und Rechtschreibstörung treten häufig auf, insgesamt findet sich bei ca. 12 % der Kinder eine der drei Lernstörungen, einzeln oder in Kombination. Aktuelle Studien zeigen, dass ein gemeinsames Auftreten von Lese- und Rechtschreibstörung fast so häufig wie das jeweilige einzelne Auftreten einer Lesestörung (LS) und einer Rechtschreibstörung (RS) ist. Diese Häufigkeitsangaben sind allerdings von den diagnostischen Kriterien beeinflusst und sind erniedrigt, wenn ein strenges diagnostisches Kriterium angewendet wird. Jungen sind deutlich häufiger von einer Rechtschreibstörung und einer LRS betroffen als Mädchen. Für eine Lesestörung fanden sich hingegen keine Unterschiede zwischen den Geschlechtern.

4 Welche weiteren Störungen treten häufig gemeinsam mit Lese-/Rechtschreibstörungen auf?

Oft tritt eine Lese- und/oder Rechtschreibstörung nicht allein auf. Zusätzlich können weitere Belastungen und Erkrankungen auftreten, die den Verlauf nachhaltig beeinflussen. Komorbide Störungen treten abhängig vom Alter des Kindes und Verlauf der LRS mit unterschiedlicher Häufigkeiten auf. Sprachstörungen, die bereits im Vorschulter aufgetreten sind, finden sich auch bei Kindern mit einer Lese- und/oder Rechtschreibstörung im Grundschulalter gehäuft.

Ging man früher davon aus, dass Kinder, die Leseprobleme hatten, gut im Rechnen sind, so weiß man heute, dass diese Annahme nicht zutrifft. Auch wenn es einzelne Kinder gibt, die trotz Lese- und/oder Rechtschreibstörung über hervorragende Rechenfähigkeiten verfügen, so zeigen aktuelle Studien, dass insgesamt die Rechenfähigkeiten unter dem Durchschnitt liegen. Dies bedeutet natürlich nicht, dass gleich eine Rechenstörung vorliegt. Trotzdem ist die Anzahl der Kinder, die sowohl eine Lese- und/oder Rechtschreibstörung als auch eine Rechenstörung haben, erhöht. Aktuelle Untersuchungen unterstützen die Notwendigkeit, bei der Lese- und/oder Rechtschreibstörung auch nach dem Vorliegen einer Rechenstörung zu schauen: Bei 12 bis 17 % der Kinder mit einer Lesestörung oder Rechtschreibstörung liegt auch eine Rechenstörung vor.

Zu den weiteren häufigen Erkrankungen, die zusätzlich auftreten können, gehören die Aufmerksamkeitsdefizit-/Hyperaktivitätsstörung (ADHS), die Störung des Sozialverhaltens, die Angststörung und die Depression. Abbildung 2 zeigt die Häufigkeiten der komorbiden Störungen, die bei einer Lese- und/oder Rechtschreibstörung auftreten.

Tritt eine psychische Störung, wie z. B. eine Angststörung, gemeinsam mit einer LRS auf, so ist dies nicht nur für die Diagnostik wichtig, sondern auch für die Behandlungsplanung. Ängste sind zunächst nichts Krankhaftes, da sie zur Entwicklung des Kindes dazu gehören. Entstehen aber Ängste vor Situationen, die normalerweise keine Ängste auslösen sollten und erleben die Kinder diese Ängste als nicht mehr kontrollierbar, ist eine diagnostische Abklärung dringend zu empfehlen. Erleben Kinder Herzrasen bereits beim Ge-

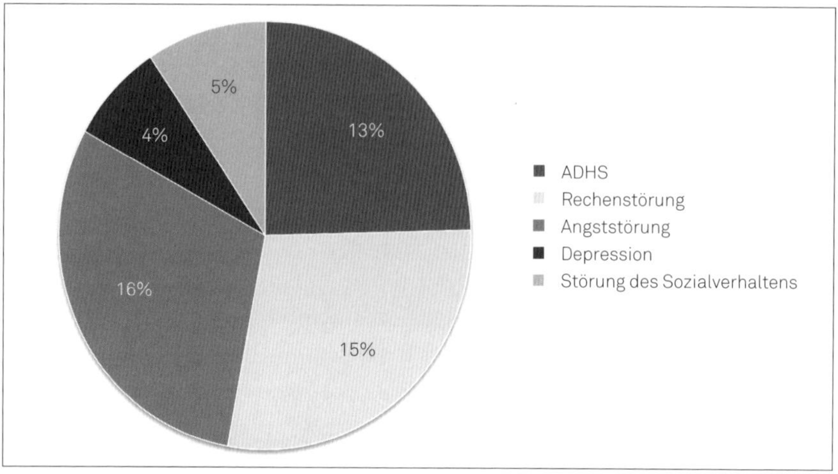

Abbildung 2: Häufigkeiten von komorbiden Störungen, die bei einer Lese- und/oder Rechtschreibstörung auftreten (Angaben in Prozent)

danken an eine Prüfung in Deutsch, bekommen sie schweißige Hände beim Gedanken, gleich etwas vorlesen zu müssen, fangen sie bei einem Rechtschreibtest an, schnell zu atmen, ohne die Atmung noch selbst kontrollieren zu können, dann könnte eine Angststörung vorliegen.

Liegt ein Risiko für oder eine komorbide Störung bei der LRS, wie z.B. eine Aufmerksamkeitsdefizit-/Hyperaktivitätsstörung (ADHS) oder eine Depression, vor, ist eine kinder- und jugendpsychiatrische, kinder- und jugendlichenpsychotherapeutische oder pädiatrische Untersuchung dringend zu empfehlen. Kinder mit einer Aufmerksamkeitsdefizit-/Hyperaktivitätsstörung (ADHS), sind häufig sehr unruhig, impulsiv und haben eine geringere Aufmerksamkeitsspanne. Meist tritt die motorische Unruhe und Impulsivität bereits im Kindergartenalter auf. Eine Untersuchung, ob eine ADHS vorliegt, wird jedoch meist erst mit dem Schulbeginn durchgeführt, da erst der strengere schulische Rahmen, der längere Phasen der Aufmerksamkeit erfordert, für die Kinder mit einer ADHS eine große Herausforderung darstellt. Das gemeinsame Auftreten von ADHS und LRS bedeutet, dass zusätzlich zu den erheblichen Problemen im Schriftspracherwerb die Kinder sich schlecht konzentrieren können, häufig Unterrichtsinhalte nicht mitbekommen, längere Übungsphasen kaum aushalten und sich beim Lernen schlecht strukturieren können.

Depressive Phasen bei Kindern mit einer LRS werden im Gegensatz zur ADHS eher übersehen, da sich der Rückzug meist langsam vollzieht und die Traurigkeit, die oft länger als einen Tag anhält, nicht so offensichtlich ist. Die Diagnostik der psychischen Störungen im Kindes- und Jugendalter ist komplex und bedarf der besonderen Fachkunde. Liegt eine psychische Störung vor, so ist die Behandlungsempfehlung, neben der LRS auch die komorbide Störung zu behandeln. Hierzu sollte die Behandlung sich nach den Behandlungsleitlinien der Deutschen Gesellschaft für Kinder- und Jugendpsychiatrie, Psychosomatik und Psychotherapie (www.dgkjp.de) sowie der AWMF (www.awmf.org) richten.

Neben den psychischen Störungen, die bereits vor oder als Folge der Lese- und/oder Rechtschreibstörung auftreten können, werden bei betroffenen Kindern häufig auch emotionale Belastungen beobachtet, die jedoch nicht so ausgeprägt sind, als dass man von einer Störung sprechen kann. Diese Belastungen sind jedoch Frühwarnzeichen und sollten sehr ernst genommen werden. Der folgende Kasten listet häufige Symptome und Beschwerden von Kindern auf, die Frühwarnzeichen für eine psychische Belastung bei einer LRS sein können.

Symptome und Beschwerden von Kindern, die Frühwarnzeichen sein können und auf eine LRS hindeuten können

- Kind berichtet wiederholt, morgens vor der Schule erhebliche Kopf- und Bauchschmerzen zu haben. Beschwerden treten verstärkt an Tagen auf, an denen Deutsch unterrichtet wird oder Deutschtests anstehen. Meist keine Symptomatik während der Schulferien.
- Wiederholtes nächtliches Erwachen mit Ängsten, das zuvor nicht bestand und nur in Schulzeiten auftritt.
- Bericht des Kindes, dass die Schule keinen Spaß mache, verbunden mit der zunehmenden Verweigerung, dorthin zu gehen.
- Bericht von Angst vor der Schule
- Nachlassen von Freizeitaktivitäten, die in der Vergangenheit gerne ausgeführt wurden, weniger Antrieb, häufigeres Weinen.
- Unruhiges, ungesteuertes Verhalten, motorische Unruhe, Kind kann in Schulsituationen kaum stillsitzen, unabhängig vom Unterrichtsfach.
- Kind berichtet von Selbstzweifeln, hat wenig Zuversicht, selbst etwas zu verändern, hat Angst vor der Zukunft.
- Es kommen weniger Freunde zu Besuch, Kind wird nicht mehr zu Geburtstagen eingeladen.

Liegen solche Berichte des Kindes vor oder beobachten Eltern oder Lehrkräfte Veränderungen bei einem Kind, wie sie im Kasten beschrieben werden, sollten diese Anzeichen ernst genommen werden. Die Symptome und Beschwerden müssen nicht zwingend Folge einer Lese- und/oder Rechtschreibstörung sein, sie können auch im Rahmen einer komorbiden Störung auftreten. In jedem Fall ist eine differenzierte fachärztliche Diagnostik wichtig, um festzustellen, was die Gründe dieser Symptome sind und zu überlegen, wie dem Kind und seiner Familie am besten geholfen werden kann.

5 Welche Gründe und Ursachen für Lese-/ Rechtschreibstörungen gibt es?

Wann und warum eine Lese- und/oder Rechtschreibstörung entsteht, ist nur schwer zu beantworten. Es gibt verschiedene Risikofaktoren, zu denen eine familiäre Häufung, Sprachauffälligkeiten im Vorschulalter und Schwierigkeiten bei der Buchstaben-Laut-Zuordnung zählen.

Seit den ersten Beschreibungen einer Lesestörung durch englische Augenärzte werden verschiedene Ursachen diskutiert. Lange Zeit wurden neben der genetischen Verursachung auch Störungen der Seh- und Hörfunktionen als verursachend angesehen. Die Abbildung 3 fasst schematisch die verschiedenen Störungsebenen zusammen, die im Zusammenhang mit der Verursachung einer LRS diskutiert werden.

Veränderungen von Hirnfunktionen. In den letzten 30 Jahren ist, bedingt durch bessere Untersuchungs- und Analysemethoden in den Bereichen Genetik und Bildgebung, deutlich geworden, dass bei Menschen mit einer Lese- und/oder Rechtschreibstörung in spezifischen Hirnregionen, die wichtige Funktionen des Lese- und Rechtschreibprozesses steuern, Veränderungen zu beobachten sind. Diese Veränderungen zeigen sich als geringere und z. T. als deutlich

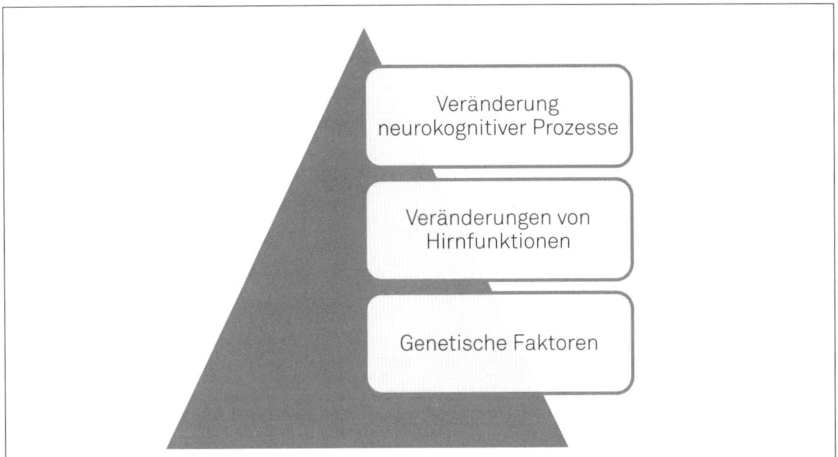

Abbildung 3: Modell der Verursachung einer Lese- und Rechtschreibstörung

verzögerte neuronale Aktivität in unterschiedlichen Gehirnregionen der linken Gehirnhälfte. Für das Wortlesen aktiviert das Gehirn sehr viele Areale, die verschiedene Aufgaben übernehmen. Die Prozesse laufen vermutlich nacheinander ab, sodass zunächst der Teil des Gehirns aktiv ist, der die visuelle Information eines Wortes entschlüsselt. Die Information dieses Hirnareals muss dann an Areale der Sprachverarbeitung weitergeleitet werden, da nur die Verbindung aus der visuellen Information mit der sprachlichen es ermöglicht, Buchstaben mit Lauten und umgekehrt zu verbinden. Bei Untersuchungen der visuellen und der sprachlichen Gehirnareale fand man bei Erwachsenen mit einer LRS im Vergleich zu Erwachsenen ohne eine LRS Unterschiede in der Aktivität.

Man kann sich dies so vorstellen, dass spezifische Nervenzellen, die durch die Worterkennung und Wortverarbeitung aktiviert werden, deutlich länger benötigen, bis sie ihre Signale an die nächsten Nervenzellen senden. Außerdem werden im Vergleich zu den Gehirnfunktionen von Nicht-Betroffenen deutlich weniger Nervenzellen der Wortverarbeitung aktiviert. Zusammengenommen betrachtet könnten die verzögerte und geringere Aktivierung daher ein Grund dafür sein, warum das Lesen manchen Kindern so schwerfällt.

Es findet sich aber auch eine geringere Geschwindigkeit der Informationsweiterleitung zwischen Hirnarealen, insbesondere von Gehirnregionen, die visuelle und sprachliche Informationen verarbeiten, wie z. B. die Verbindung der visuellen Information des Buchstaben a mit der akustischen Information des Lautes/a/. Diese Veränderungen sind zunächst als ursächlich zu betrachten, die Gründe für die veränderten Funktionen sind bis heute kaum verstanden. Einen Beitrag zur Aufklärung kann die genetische Forschung leisten.

Genetische Faktoren. In etwa der Hälfte der Familien mit einem Kind, das eine LRS hat, gibt es weitere erstgradig Verwandte, die unter einer der Formen einer LRS leiden. Diese Beobachtung legt eine genetische Verursachung nahe, jedoch sind bisher nur wenige genetische Veränderungen, die eine LRS bedingen können, identifiziert worden. Zunächst wurden Regionen im gesamten Genom identifiziert, deren genetisches Muster bei Menschen mit einer Lese- und/oder Rechtschreibstörung ähnlicher ist im Vergleich zu Menschen ohne Lese- und/oder Rechtschreibstörung. Diese genetischen Veränderungen sind auf verschiedenen Chromosomen gefunden worden. In diesen chromosomalen Regionen befinden sich Gene, die Funktionen des Nervenwachstums während der frühen Gehirnentwicklung steuern. Daher wird zurzeit diskutiert, ob die LRS eventuell eine Folge einer sogenannten neuronalen Störung während der Gehirnentwicklung ist. Da bei dieser Störung, die im genetischen Programm der Zellen verankerte Wanderbewegung von sich entwickelnden Nervenzellen gestört ist, spricht man auch von einer Migrationsstörung (lat. migrare wandern). Es kommt bei dieser Störung zu einer Verlangsamung der Wanderung oder auch fehlender Wanderung einzelner Zellen, sodass die notwendige Netzwerkbildung von Nervenzellen gestört ist. Dies kann zu einer Ansammlung der Nervenzellen in sogenannten Zellnestern führen, ohne dass die Funktion der Neurone erhalten bleibt. Hierdurch ist die neuronale Vernetzung der Nervenzellen in einzelnen Regionen gestört.

Folgen dieser neuronalen Migrationsstörungen, die man nicht überall, sondern in spezifischen Gehirnregionen gefunden hat, sind Funktionsbeeinträchtigungen in neuronalen Netzen, die beispielsweise die Wahrnehmung und Unterscheidung von Sprachreizen steuern. Ob diese Veränderungen in einem ursächlichen Zusammenhang mit der LRS stehen ist noch unbewiesen.

Die Annahme, dass genetische Faktoren für die Entstehung einer LRS bedeutsam sind, bestätigen auch Zwillingstudien. Durch den Vergleich von eineiigen mit zweieiigen Zwillingen wird geschätzt, wie hoch der genetische Anteil an der Lese- und der Rechtschreibfähigkeit ist. Da die genetische Ähnlichkeit bei eineiigen Zwillingen (EZ) sehr hoch ist, im Gegensatz dazu bei zweieiigen Zwillingen (ZZ) bei ca. nur 50 % liegt, zeigt der Vergleich von EZ mit ZZ, wie hoch der genetische Anteil im Vergleich zu Umweltfaktoren bei der Lese- und Rechtschreibfähigkeit ist. Dieser Vergleich führt zur Schätzung der Erblichkeit, die auch Heritabilität genannt wird. Liegt die Heritabilität bei 100 %, so spielen genetische Faktoren eine entscheidende Rolle, ohne dass die genetischen Faktoren genau bekannt sein müssten. Die Heritabilität liegt bei der Lesefähigkeit bei 60 %, bei der Rechtschreibung bei 70 %, also insgesamt recht hoch.

Umweltfaktoren und Wechselwirkung mit genetischen Faktoren. Umweltfaktoren sind aber auch wichtig, denn bei der Lesefähigkeit machen diese Faktoren immerhin 40 % aus. Diese Umweltfaktoren sind bisher wenig untersucht, es werden Faktoren in der Entwicklungsförderung des Kindes und der schulischen Entwicklung diskutiert. Möglicherweise besteht auch ein Zusammenwirken von genetischen Faktoren und Umweltfaktoren. Bisher zu wenig untersucht und verstanden ist die Wechselwirkung zwischen genetischen

Risikofaktoren, veränderten Gehirnfunktionen und Umweltfaktoren, wie z. B. einer nicht förderlichen Lernumgebung einschließlich einer mangelhaften Unterrichtung im Lese- und Rechtschreiberwerb. Untersuchungen zum Zusammenhang von Unterrichtsdidaktik, Ausbildung der Lehrkraft und den individuellen Lernvoraussetzungen eines Kindes zeigen, dass die schulischen Faktoren einen hohen Einfluss auf den Lernfortschritt im Lesen und Rechtschreiben haben, zumindest in den ersten beiden Unterrichtsjahren.

Visuelle Wahrnehmung. Seit der Erstbeschreibung der LRS als kongenitale Wortblindheit werden immer wieder Sehstörungen als Ursache der LRS diskutiert. Es gibt eine Lesestörung, die auf Störungen der Augenmuskulatur zurückgeführt werden kann und durch ein rasches Ermüden beim Lesen, Zunahme der Lesefehler mit der Lesedauer und Kopfschmerzen beim Lesen auffällt. Diese Form der Sehstörung kann durch eine eingehende Untersuchung der Sehfunktionen festgestellt werden. Davon abzugrenzen ist die Annahme, dass die LRS durch eine zentrale visuelle Wahrnehmungsstörung bedingt ist. Hierunter wird verstanden, dass die Augen die Informationen zwar richtig aufnehmen und weiterleiten, dass aber im Gehirn diese Information nicht mehr richtig verarbeitet wird. Studien zeigen, dass in den Gehirnarealen, die bei der Wortverarbeitung aktiviert werden, diese bei Kindern mit einer Lesestörung deutlich verzögert und vor allem geringer aktiviert werden. Ob dies allerdings die Ursache oder die Folge einer Lesestörung ist, bleibt zunächst offen. Wenn man aber die Verarbeitung von visuellem Material, das keinen Bezug zur Schriftsprache hat (keine Buchstaben, keine Wörter) untersucht, dann finden sich keine Hinweise für eine geringere oder verzögerte Aktivierung von Gehirnarealen. Daher werden Therapiemethoden, die an einer Förderung der visuellen Wahrnehmung ohne Bezug zum Wort ansetzen, also rein visuelle Unterscheidungstrainings, kritisch beurteilt und als Therapiemethode nicht empfohlen.

Auditive Wahrnehmung. Auch im Bereich der auditiven Wahrnehmung wird immer wieder diskutiert, ob die LRS eine Folge einer zentralen auditiven Wahrnehmungsstörung ist. Vergleichbar wie bei der zentralen visuellen Wahrnehmungsstörung gibt es keine Studien, die eine zentrale auditive Wahrnehmungsstörung von nicht sprachlichem Material, wie z. B. Töne, Tonfolgen, Rhythmen von Tönen, bei der LRS belegen. Allerdings fällt es Kinder mit einer Lese- und/oder Rechtschreibstörung schwer, einzelne Laute zu unterscheiden. Der Grund hierfür könnte eine verminderte Aktivierung in Sprachregionen der linken Gehirnhälfte sein, die wiederholt bei Menschen mit einer Lesestörung gefunden wurde. Hingegen ist die Wahrnehmung und Verarbeitung nicht sprachlicher Reize häufig unbeeinträchtigt oder kann relativ schnell bei entsprechender Therapie verbessert werden, jedoch ohne dass sich dadurch eine Verbesserung der Lesefähigkeit einstellt.

Phonologische Bewusstheit. Neben den genetisch-hirnfunktionellen Veränderungen werden eine Reihe von Funktionsstörungen in den Bereichen Sprache, Gedächtnis, Aufmerksamkeit und Handlungsplanung bei Kindern mit einer LRS beschrieben. An erster Stelle ist die sogenannte phonologische Bewusstheit (PB) zu nennen, mit der verschiedene Fähigkeiten zusammengefasst werden. Hierzu gehört u. a. die Fähigkeit, Wörter in ihren lautlichen Bestandteilen zu trennen (z.B. Stamm in/sch//t//a//m/), Laute zu Wörtern zu verbinden (z.B./f//a//t//a/). Förderkonzepte, insbesondere diese, die in den ersten beiden Schuljahren eingesetzt werden, integrieren Übungen zur Verbesserung der phonologischen Bewusstheit. Auch im Bereich der Frühförderung und Prävention werden Übungen zur phonologischen Bewusstheit erfolgreich eingesetzt.

(Arbeits-)Gedächtnis. Bereits bei der phonologischen Bewusstheit spielen in einzelnen Teilbereichen Gedächtnisfaktoren eine weitere wichtige Rolle. Für den Abruf von phonologischem Wissen ist der Zugriff auf entsprechende phonologische Gedächtnisrepräsentationen notwendig. Aber auch in anderen, mit dem Lese- und Rechtschreibprozess verbundenen Bereichen, dem Abruf von Buchstaben- und Wortrepräsentationen, ist das Gedächtnis beteiligt. Mit dem Test des schnellen Benennens wird der schnelle und effiziente Gedächtnisabruf überprüft. Der Test besteht in der Aufgabe, sich wiederholende Zahlen, Zeichen und Buchstaben so schnell laut zu benennen wie möglich. Das Testergebnis erlaubt zusammen mit der phonologischen Bewusstheit und anderen Faktoren eine Vorhersage von Schwierigkeiten im Erwerb des Lesens und Rechtschreibens. Außerdem weist das schnelle Benennen auf Schwierigkeiten im schnellen Gedächtnisabruf von gelernten Buchstaben, Zahlen und Wörtern hin, die bei einem Teil der Kinder mit LRS bestehen.

In einem weiteren Gedächtnisbereich, dem Arbeitsgedächtnis (AG), zeigen sich bei Kindern mit einer LRS nicht selten auch Schwächen. Ein typischer Prozess des Arbeitsgedächtnisses ist zum Beispiel das Zwischenspeichern und der Abruf von Ergebnissen bei einer Rechenaufgabe. Bei der Addition von 17 und 24 zum Beispiel würde bei der Strategie, zunächst die Zehnerstellen und dann die Einerstellen zu addieren die Zahl dreißig im Zwischenspeicher abgelegt. Nach der zweiten Addition von 7 + 4 werden die beiden Summen durch Verbinden der im Arbeitsspeicher abgelegten ersten Summe mit der zweiten Summe errechnet. Liegen Schwierigkeiten im Arbeitsgedächtnis vor so könnte der Abruf der ersten Summe fehlerhaft sein und damit das Gesamtergebnis falsch. Da das Arbeitsgedächtnis bei Lese- und Rechtschreibaufgaben immer wieder eingesetzt wird und Studien einen Zusammenhang mit dem Arbeitsgedächtnis und der LRS zeigen, liegen mittlerweile Tests zur Erfassung des Arbeitsgedächtnisses vor.

Orthografisches Wissen. Mit orthografischem Wissen wird die Fähigkeit bezeichnet, die spezifischen Muster und Regelmäßigkeit der Schriftsprache zu erkennen und dieses Wissen für den Lese- und Rechtschreibprozess zu nutzen. Ein Beispiel für orthografisches Wissen ist das Erkennen von Regelmäßigkeiten: So kommt z. B. die Wortendung -gh im Deutschen nicht vor, im Gegensatz zum Englischen, wo sie relativ häufig ist. Auch das Wissen über häufige Buchstabenkombinationen bestehend aus zwei oder drei Buchstaben, wie „mm" im Gegensatz zu der deutlich selteneren Kombination „mt" werden erworben. Es wird vermutet, dass Kinder mit einer LRS über weniger orthografisches Wissen verfügen und sie dieses auch weniger durch häufiges Lesen und Sehen von Wörtern quasi ohne gezieltes Erlernen erwerben.

Fazit. Zusammenfassend wird deutlich, dass es nicht eine Ursache der Lese- und Rechtschreibstörung gibt. Vermutlich ist auf der Basis einer genetischen Disposition das Risiko, eine LRS zu entwickeln, erhöht. Diese genetische Veranlagung kann unterschiedlich sein, abhängig von den jeweiligen genetischen Veränderungen. Diese wiederum beeinflussen vermutlich einzelne neurobiologische Prozesse, wie z. B. die Wortverarbeitung, die Buchstaben-Laut-Verbindung, den Gedächtnisabruf von phonologischer Information im Gehirn. Zu diesen biologischen Faktoren kommen aber auch Umweltfaktoren, wie z. B. Lernmöglichkeiten und Lernförderung. Wächst ein Kind mit den gerade beschriebenen Risikofaktoren in einer Umgebung auf, in der eine geringe Sprach- und Lernförderung vorliegt, ist die Wahrscheinlichkeit, eine Lese- und/oder Rechtschreibstörung zu entwickeln, erhöht. Schulfaktoren, wie z. B. ein belastendes Klassenklima, fehlende Förderung und Anerkennung der Lernschwierigkeiten im Lesen und/oder Rechtschreiben durch die Schule können Lese- und/oder Rechtschreibschwierigkeiten ebenfalls verstärken. Zudem können sich weitere psychische Belastungsfaktoren, wie z. B. eine Aufmerksamkeitsdefizit-/Hyperaktivitätsstörung (ADHS), auf den Schweregrad der Lernstörung auswirken.

6 Wie verläuft die weitere Entwicklung?

Eine LRS kann sehr unterschiedlich verlaufen. Wesentlich für den Verlauf der LRS sind

- der Schweregrad der Lese- und Rechtschreibstörung,
- das Vorliegen von individuellen oder familiären Belastungen,
- die Verfügbarkeit von Unterstützungsmöglichkeiten und
- ein unterstützendes schulisches und familiäres System.

Liegen psychische Störungen (z. B. Angststörung oder ADHS) vor, wird keine oder eine nicht wirksame Förderung durchgeführt oder fehlt eine schulische Unterstützung und Integration, dann ist der weitere Verlauf meist sehr ungünstig. Verlaufsstudien von der Einschulung bis ins Erwachsenenalter zeigen, dass Kinder, die bereits im ersten Schuljahr ausgeprägte Leseschwierigkeiten im Vergleich zu den Klassenkameraden hatten, auch zum Zeitpunkt des Schulabschlusses eher zu den Kindern mit den niedrigeren Leseleistungen gehören. Auch wenn die recht hohe Stabilität der Leseleistung zunächst entmutigend klingen mag, so zeigen die Förderstudien z. T. deutliche Leistungsverbesserungen nach einer intensiven Leseförderung. Daher ist auch bei den Kindern mit Lesestörung von einer Entwicklung im Lesen auszugehen, wenn eine entsprechend frühe und qualifizierte Förderung stattfindet.

Erlebt jedoch ein Kind mit einer LRS ein chronisches Leistungsversagen im Lesen und/oder Schreiben in der Schule, begleitet durch eine fehlende Unterstützung, können durch die psychischen Belastungen Lernblockaden und mangelndes Selbstvertrauen entstehen. Diese Entwicklung blockiert letztendlich einen Lernzuwachs und führt zu einer weiteren Zunahme der Lernprobleme verbunden mit einer Verstärkung der psychischen Belastungen.

Durch die LRS besteht die Gefahr, dass Kinder nicht den Schulabschluss erzielen, der aufgrund ihrer intellektuellen Fähigkeiten möglich wäre. So erreichen Kinder mit einer LRS häufiger einen Real- und Mittelschulabschluss und seltener das Abitur. Einzelne Studien zeigen auch, dass Erwachsenen mit einer LRS häufiger psychisch belastet sind und häufiger arbeitslos sind. Insgesamt muss davon ausgegangen werden, dass die LRS eine chronisch verlaufende Störung ist, die weit über die Schulzeit hinaus die Betroffenen im Alltag und im Beruf beeinflusst.

Eine Teilsymptomatik ist meist noch im Erwachsenenalter vorhanden. Die Lesegeschwindigkeit kann noch erheblich beeinträchtigt sein, sodass das schnelle Erschließen von Texten im Alltag und in spezifischen Anforderungssituationen im Beruf nicht gelingt und somit eine Benachteiligung gegenüber Nicht-Betroffenen besteht. Lesefehler können auch bei Erwachsenen mit Lesestörungen noch vorkommen. Häufig führt die Lesestörung dazu, dass die Betroffenen es vermeiden, zu lesen. Die fehlende Lesepraxis verstärkt die beeinträchtigte Leseleistung, sodass auch eine Entwicklung hin zum Analphabetismus folgen kann.

Die Rechtschreibung bei Erwachsen, die als Kinder bereits eine ausgeprägte und anhaltende Rechtschreibstörung hatten, ist auch im Erwachsenenalter häufig stark beeinträchtigt. Neben häufigen Rechtschreibfehlern kann der schriftsprachliche Wortschatz eingeschränkt sein. Insgesamt versuchen Betroffene, sich weniger häufig schriftlich mitzuteilen. Verbunden mit einer negativen Selbsteinschätzung bezüglich der eigenen Schreibfähigkeiten und der Angst, in diesem Bereich zu versagen, kann die Rechtschreibstörung die Berufswahl und den beruflichen Erfolg während der Ausbildung und auch danach stark beeinflussen. Textinhalte von Betroffenen mit einer Rechtschreibstörung werden häufig unterschätzt, da Leser dazu neigen, die Qualität eines Textinhaltes schlechter zu bewerten, wenn die schriftliche Ausführung mit Rechtschreibfehlern durchzogen ist.

7 Was kann man tun, welche Hilfen gibt es?

Es gibt eine Vielzahl von Förder- und Therapieangeboten, von denen allerdings nur die wenigsten hinsichtlich ihrer Wirksamkeit überprüft wurden. Erst kürzlich durchgeführte Analysen der wissenschaftlichen Literatur zeigen, dass die Bandbreite der Wirksamkeit der angebotenen Fördermethoden sehr hoch ist: Sie reicht von nicht wirksam über mittelmäßig wirksam bis hin zu hoch wirksam. Welche Förder- und Therapiekonzepte zu empfehlen sind, wird nachfolgend beschrieben. Neben der direkten Lernförderung des Kindes gibt es noch weitere Unterstützungsmöglichkeiten, die in Form von drei Säulen in Abbildung 4 dargestellt sind. Zu diesen drei Säulen gehören Maßnahmen zur individuellen Förderung und Unterstützung, zu schulischen Unterstützungsmaßnahmen, zu denen auch Fördermaßnahmen gehören. Die dritte Säule stellt die Maßnahmen der Jugendhilfe und sozialrechtliche Hilfen dar.

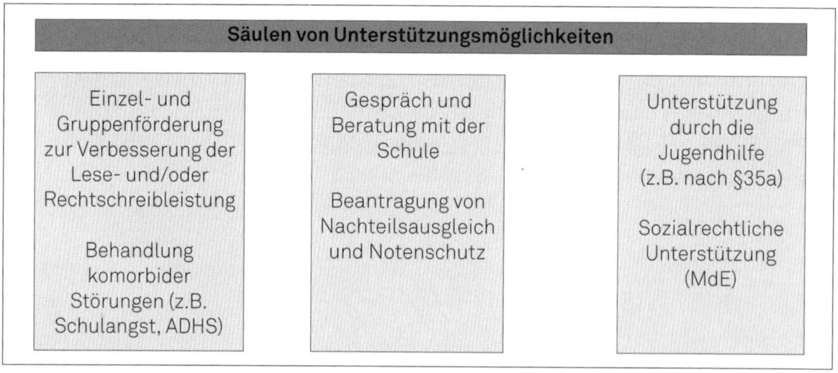

Abbildung 4: Die drei Säulen von Unterstützungsmöglichkeiten für Kinder- und Jugendliche mit einer LRS

7.1 Therapiemethoden

Um eine Übersicht über die Therapiemethoden zu erlangen, ist eine Einteilung der verschiedenen Verfahren hilfreich. Die Einteilung erfolgt nach den theoretischen Ansätzen der Therapiemethoden, wie z.B. in Methoden, die sich an den Entwicklungsmodellen des Lesen- und Rechtschreiblernens oder an möglichen kausalen Faktoren für die Lese- und/oder Rechtschreibstörung orientieren. Andere Verfahren orientieren sich eher daran, Wahrnehmungsfähigkeiten zu fördern, die, so die Annahme, eine wichtige Voraussetzung für den erfolgreichen Lese- und Rechtschreibprozess darstellen.

Methoden, die in der Förderung direkt am Lese- und/oder Rechtschreibprozess ansetzen, werden zu den symptomorientierten Verfahren gezählt. Symptom meint in diesem Zusammenhang die Lesestörung, charakterisiert durch die deutlich verlangsamte Lesegeschwindigkeit, das stark beeinträchtigte Leseverständnis und die hohe Anzahl von Lesefehlern. Demzufolge setzen symptomorientierte Förderprogramme an diesen drei Bereichen des Leseprozesses an. Bei der Rechtschreibförderung stehen bei den symptomorientierten Verfahren die Förderung des Wissens und die Automatisierung von Laut-Buchstabe-Verbindungen, von orthografischen Regelmäßigkeiten, des Erkennens von Morphemen und der Anwendung von morphematischem Wissen bei der Rechtschreibung im Vordergrund.

Zu den kausalen Förderkonzepten gehören Verfahren, die postulieren, dass basale Wahrnehmungsprozesse oder Gehirnfunktionen verändert sind, die für das Lesen und/oder Rechtschreiben notwendig sind. Zu diesen Prozessen gehören beispielsweise die Wahrnehmung von nicht sprachlichen Reizen, wie z. B. Tönen, das Erkennen der Richtung, aus denen Töne vorgespielt werden, oder das Unterscheiden von Tönen, die mit unterschiedlichem Abstand aufeinanderfolgend präsentiert werden. Bei der visuellen Wahrnehmung stehen sowohl die Steuerung von Blickbewegung der Augen als auch Methoden zur Verbesserung der Unterscheidungsfähigkeiten von visuellen Reizen im Vordergrund.

Eine dritte Gruppe von Förderansätzen kombiniert symptomorientierte Förderung mit der kausalen Förderung in der Weise, dass zuerst die sogenannte Grundstörung behandelt wird und darauf aufbauend dann die symptomorientierte Förderung beginnt. So plausibel dieser Ansatz auch klingen mag, zurzeit gibt es hierfür keine Methode mit einem Wirksamkeitsnachweis.

Zusätzlich kommen Förder- und Behandlungsmethoden zum Einsatz, die die psychische Gesundheit von Kindern mit schulischen Entwicklungsstörungen stärken. Bei diesen stehen die Stärkung des Selbstvertrauens und der Selbsterwartung im Vordergrund, aber auch Methoden zur Strukturierung und Steigerung des Lernens, der Arbeitsorganisation und der Handlungsplanung.

Liegen bei den Kindern mit einer Lese- und/oder Rechtschreibstörung psychische Belastungen oder Störungen vor, sollte zusätzlich zur Förderung im Lesen und Rechtschreiben eine Beratung zur Reduktion der Symptome oder eine Behandlung der psychischen Störung erfolgen. Für die Behandlung von psychischen Erkrankungen empfiehlt sich nach einer kinder- und jugendpsychiatrischen Diagnostik und Beratung die Durchführung einer Kinder- und Jugendlichenpsychotherapie. Diese dient dazu, durch Reduktion der psychischen Symptomatik die Lernfähigkeit des Kindes zu verbessern. Liegt bei einem Kind mit einer Rechtschreibstörung eine ADHS vor, so kann durch die erfolgreiche Behandlung der ADHS das Kind in die Lage versetzt werden, stärker von der Lernförderung zu profitieren.

Bei Lese- und/oder Rechtschreibstörungen gibt es ein unübersichtliches Angebot an Fördermethoden, die von symptomorientierten bis zu kinesiologischen Ansätzen reichen. Daher war es notwendig, anhand der für die Beurteilung von Wirksamkeitsstudien entwickelten Kriterien die Förderkonzepte der LRS-Förderung einer kritischen Prüfung und Bewertung zu unterziehen. Denn schließlich geht es darum, bei einer häufig chronisch verlaufenden Lernstörung keine Zeit mit unwirksamer Förderung zu verlieren und dem betroffenen Kind nur die Unterstützung und Behandlung anzubieten, von der bekannt ist, dass sie wirksam ist. Eine Übersicht zur Wirksamkeit von Lese- und Rechtschreibförderkonzepten und -inhalten fasst der nachfolgende Kasten zusammen.

Übersicht zur Wirksamkeit der Lese- und zur Rechtschreibförderung

- Leseförderprogrammen sollen die Wortlesegeschwindigkeit, das Leseverstehen und das Textverständnis durch strukturiertes Vorgehen fördern. Dabei soll systematisch aufbauend – am Schriftspracherwerb orientiert – vorgegangen werden. Rechtschreibförderprogramme sollten ebenfalls sehr gut strukturiert sein, Rechtschreibprinzipien vermitteln, Regeln verwenden und den Kindern helfen, die orthografische Struktur von Wörtern zu erkennen.
- Trainings, die auditive Wahrnehmung (z. B. Tonunterscheidung, Richtungshören, auditive Ordnungsschwelle erkennen und senken) oder visuelle Funktionen (z. B. Blickbewegungstraining) ohne Bezug zur Schriftsprache fördern, haben keine Wirksamkeit und sollten nicht zur Förderung der Lese- und Rechtschreibfähigkeit eingesetzt werden.

- Die Förderung von Lautwahrnehmung (z. B. Welchen Laut hörst du am Anfang von Baum?) und -unterscheidung (z. B. klingt/da/anders als/ga/) allein, ohne Förderung schriftsprachlicher Fertigkeiten (z. B. Wörter in Silben gliedern und silbenweise erlesen) wird für die LRS-Förderung nicht empfohlen.
- Methoden der Verhaltenstherapie, wie z. B. Verstärkerprogramm (nach festgelegten Prinzipien erhält das Kind eine Belohnung für das Erreichen von zuvor vereinbarten Lernzielen), wirken sich deutlich positiv auf die Fördereffekte aus.
- Die Förderung sollte mehr als 20 Wochen umfassen und nur durch Fachpersonal erfolgen.
- Insbesondere für schwer betroffene Kinder im Lesen und Rechtschreiben ist eine strukturierte, intensive und andauernde Förderung mithilfe eines wissenschaftlich fundierten Programms sehr zu empfehlen.

Es gibt allgemeine Prinzipien, die sich für die Förderung im Lesen und der Rechtschreibung als wichtig herausgestellt haben und ihre Gültigkeit in der Lerntherapie sowie in der schulischen Förderung haben (vgl. Kasten).

Allgemeine Prinzipien der LRS-Förderung

- Vom Leichten zum Schweren.
- Der Förderbeginn sollte auf einem Leistungsniveau stattfinden, auf dem das Kind auf jeden Fall die Aufgaben bewältigt (sog. Nullfehlergrenze zur Motivationssteigerung).
- Systematischer und gut dokumentierter Aufbau der Förderung (möglichst anhand eines Manuals).
- Vermeidung von sich widersprechenden Lerninhalten in der Anfangslernphase.
- Keine Wissensvermittlung von z. B. Lese- und Rechtschreibregeln ohne Anleitung und Übungen zur praktischen Umsetzung.
- Hohe Übungsintensität in den jeweiligen Lernbereichen.
- Integration von Lernstrategien in die Lernförderung.
- Überforderung vermeiden!

7.2 Leseförderung

Auf der Basis der Diagnostik und ausgehend vom individuellen Leseniveau des Kindes erfolgt die Leseförderung. Kinder mit anhaltenden Schwierigkeiten beim Leseerwerb, der sich in der Zuordnung von Graphem (Buchstabe oder Buchstabenkombination) zu Phonem (lautliche Repräsentation des Graphems) zeigt, sollten systematisch in diesem Bereich gefördert werden. Für die Förderung der Wortlesefähigkeit sollten Methoden angewandt werden, die die Wortdurchgliederung fördern, z. B. Wörter in kleinere sprachliche Einheiten (Silben, Morpheme) oder Wortteile (Wortanfang und Silben, Morpheme) zu untergliedern. Durch Aufgaben, in welchen wiederholt Wortteile erlesen oder zu Wörtern zusammengefügt und zusammenhängend gelesen werden müssen, kann die Wortlesefähigkeit gesteigert werden. Der Fördereffekt zeigt sich sowohl in einer Zunahme der Lesegeschwindigkeit als auch in der Abnahme von Lesefehlern.

Das Ziel des Leseprozesses ist es, den gelesenen Text zu verstehen. Das Textverständnis wird mit Methoden gefördert, die z. B. das korrekte Entnehmen von Informationen aus Texten sowie das Verknüpfen des Gelesenen mit bereits vorhandenem Wissen ermöglichen. Dieses Ziel kann durch die Vermittlung von Fragestrategien erreicht werden. Aber auch weitere Bearbeitungsstrategien, wie das Herausschreiben von Textinhalten, das Zusammenfassen von Texten oder das Identifizieren und Formulieren von Hauptideen zeigen sich als effektiv. Unterstützend für eine Verbesserung des Textverständnisses ist ein umfangreicher Wortschatz.

7.3 Rechtschreibförderung

Auch bei der Rechtschreibförderung steht wie bei der Leseförderung zu Beginn, allerdings jetzt in der umgekehrten Beziehung, den gehörten Phonemen (lautliche Repräsentation) die Grapheme (Buchstaben oder Buchstabenkombinationen) zuzuordnen. Voraussetzung hierfür ist, dass die Kinder in der Lage sind, Phoneme und Grapheme zu identifizieren und zu differenzieren. Sind diese Fähigkeiten nicht ausreichend entwickelt, sollten Fördermaßnahmen der phonologischen Bewusstheit und der Phonem-Graphem-Zuordnung eingesetzt werden.

Liegen ausgeprägte Rechtschreibschwierigkeiten vor und zeigen diese sich bereits seit Beginn des Rechtschreiblernprozesses, sollte zunächst die lauttreue Rechtschreibfähigkeit geübt werden. Darauf aufbauend erfolgt die Förderung des orthografisch korrekten Schreibens. Dies kann auf verschiedene Weisen erfolgen, eine Methode ist die Vermittlung von Rechtschreibregeln. Diese lassen sich meist auf Rechtschreibprobleme im Wortstamm anwenden, wie z. B. die Regel: „Nach einem langgesprochenen Selbstlaut (Vokal) schreibst du nur einen Mitlaut (Konsonanten)!" Die Vermittlung der Rechtschreibregeln allein ist jedoch nicht ausreichend, ein weiteres wesentliches Element der Förderung ist das Erlernen von Anwendungsstrategien. Hierzu gehören Strategien der Identifizierung von Wortbestandteilen, wie z. B. des Stammmorphems (z. B. ge-*spiel*-t), des Erkennens der Schwierigkeiten (z. B. Ist das „i" in spielt lang oder kurz gesprochen?), der Hierarchisierung der Lösungsschritte (z. B. Was ist die Vorsilbe? Hier „ge"; Was ist der Wortstamm? Hier „spiel"). Neben dem sehr strukturierten Vorgehen ist ein wesentliches Element der Förderung, durch angeleitetes und wiederholtes Üben eine Automatisierung der Lernstrategien zu erreichen, die die Grundlage für den Transfer auf nicht geübte Wörter darstellt.

7.4 Fördermethoden ohne Wirksamkeit

Es gibt eine Reihe von Förderangeboten, für die keine Wirksamkeitsnachweise vorliegen, entweder, weil dies bisher noch nicht untersucht wurde oder weil Untersuchungen keine Wirksamkeit gezeigt hatten. Hierzu zählen Farbfolien, die auf den Lesetext gelegt oder als Brillen angeboten werden (Irlen Linsen), alternativmedizinische Verfahren, wie z. B. Homöopathie, Akupressur, Osteopathie und Kinesiologie, BrainGym oder Methoden, die postulieren, die Hirnfunktionen zu stärken, oder die Verwendung von Nahrungsergänzungsmitteln, visuelles Biofeedback oder Prismenbrillen.

7.5 Computer- und Onlineförderung

© Klaus Gehrmann

Computer sind in der Lese-Rechtschreibförderung seit vielen Jahren im Einsatz. Die verwendeten Programme basieren im Wesentlichen auf den vergleichbaren Förderansätzen wie die Förderkonzepte, die mit Papier und Bleistift arbeiten. In den letzten Jahren gibt es zunehmend mehr Angebote von sogenannten Online-Förderkonzepten, die es den Kindern ermöglichen, recht selbstständig mit einer unmittelbaren Rückmeldung in meist sehr motivierenden Lernwelten zu arbeiten. Zum Teil erlauben die Programme auf einer Eingangsdiagnostik aufbauend ein auf das individuelle Ausgangsniveau des Kindes ausgerichtete Förderung mit wöchentlicher Rückmeldung über Leistungsentwicklungen. Allerdings liegen auch viele Programme vor, die eher zum Spielen als zum Lernen ermuntern. Daher sollte darauf geachtet werden, dass der Wissens- und Lernaspekt im Vordergrund steht und dass die Grundlage der Programme wissenschaftlich fundiert ist. Auch ist eine Zurückhaltung bei Programmen geboten, die schnelle Erfolge, innerhalb nur weniger Wochen versprechen.

Das Online-Leseförderprogramm „Meister Cody – Namagi“

Ein Beispiel für ein Online-Leseförderprogramm ist „Meister Cody – Namagi“. Dabei handelt es sich um eine App für Tablets und mobile Geräte, die leicht zugänglich ist. Die Eigenschaften dieses Förderprogrammes sind vergleichbar mit anderen digitalen Lernspielen oder „Serious Games“: Inhalte, Struktur und Ablauf sind in pädagogischer Absicht gestaltet, die zugleich aber zentrale Merkmale von Spielen enthalten. Die spielerischen Merkmale sollen vor allem die Motivation der Kinder fördern und sie ermutigen, am Training dranzubleiben und wiederholt für die Schriftsprachentwicklung wichtige Fertigkeiten zu üben. Das Förderprogramm „Meister Cody – Namagi" ist in verschiedene Module aufgeteilt, die wesentliche Fertigkeiten des Lesen- und Rechtschreiblernens fördern.

Die ersten zwei Module des Programmes fördern die Vorläuferfertigkeiten des Schriftspracherwerbs. Das erste Modul enthält Übungen zur phonologischen Bewusstheit, wozu die Silbengliederung und die Lautwahrnehmung gehören. Mit „Meister Cody – Namagi" üben die Kinder Laute und Silben zu erkennen, Laute in Wörtern auszulassen, Lautanalyse und -synthese und lange und kurze Vokale auditiv zu unterscheiden. Die Förderung von phonologischen Fertigkeiten erleichtert Kindern mit erhöhtem Risiko für Lese-Rechtschreibstörung den Einstieg in den Schriftspracherwerb. Im Modul II werden die Graphem-Phonem-Korrespondenzen trainiert. Die Aufgaben zielen darauf ab, sowohl die Genauigkeit als auch die Geschwindigkeit der Graphem-Phonem-Beziehungen zu verbessern. Zusätzlich zu den einzelnen Graphemen bzw. Phonemen werden in den höheren Schwierigkeitsstufen häufige Silben eingeführt. Zum Schluss des zweiten Moduls werden zwei Aufgaben zur Verlinkung von phonologischen Fertigkeiten und Graphem-Phonem Zuordnungen angeboten.

Im Modul III stehen die Lesefertigkeiten auf der Wortebene im Fokus. Die Lesefertigkeiten werden in unterschiedlicher Weise trainiert. Die Aufgaben zum synthetischen Lesen umfassen u.a. das Lesen von Silben, das Ordnen von Silben zu einem Wort und das Lesen von Fantasiewörtern. Zusätzlich gibt es Übungen zur Lesegenauigkeit, wie die Wort-Bild-Zuordnung und eine Aufgabe zu Verbindungen zwischen der geschriebenen und der gesprochenen Sprache. Da im deutschen Sprachraum die meisten Kinder mit Lesestörungen die größten Schwierigkeiten bei der Leseflüssigkeit haben, werden im Modul III auch Übungen zur Einspeicherung von Wörtern und häufigen Vor- und Endsilben zur Steigerung der Lesegeschwindigkeit angeboten. Bei diesen Geschwindigkeitsübungen sollen Kinder Wörter schnell lesen und bestimmten semantischen Kategorien zuordnen oder bestimmen, ob das Wort mit einem Bild zusammenpasst oder nicht.

In „Meister Cody – Namagi" sind eine Reihe von spielerischen Elementen enthalten, die die Motivation fördern. Während des gesamten Trainings werden die Kinder von Meister Cody, einem weisen Gelehrten und Zaubermeister begleitet. Er erklärt die Trainingsspiele und führt die Kinder durch ein fantasievolles Abenteuer. Während des Abenteuers müssen die Kinder unterschiedliche Aufgaben lösen, die Vorläuferfertigkeiten und Lesefertigkeiten erfordern. Kinder werden beim Training auch durch die kindgerechte grafische Gestaltung und durch ein Belohnungssystem mit Münzen positiv verstärkt.

Durch den automatischen Trainingsablauf, dem ein Trainingsplan zugrunde liegt, können die Kinder selbstständig mit dem Programm lernen. Die Lerneinheiten sind zeitlich begrenzt und eine Sitzung dauert ca. 20 bis 30 Minuten. Es wird empfohlen, dass die Kinder mehrmals in der Woche (wenn möglich drei bis vier Mal) die Übungen durchspielen, um so das Gelernte zu festigen. Zudem wird durch die Fortsetzungsgeschichte die Motivation aufrechterhalten.

8 Was können Lehrkräfte tun?

Die Möglichkeiten der schulischen Unterstützung sind sehr vielfältig und lassen sich in folgende Bereiche aufteilen:

- Angebot der Diagnostik einer LRS,
- Schaffung eines lernförderlichen Klassenklimas,
- Förderung von Kindern und Jugendlichen mit einer Lese- und/oder Rechtschreibstörung,
- Beratung der Eltern,
- Zusammenarbeit mit den Partnern des psychosozialen Versorgungsnetzes zur Unterstützung von Kindern mit einer Lese-/Rechtschreibstörung.

8.1 Lesen- und Scheibenlehren – Anmerkungen zur Methodik des Schriftspracherwerbs

Es gibt eine seit Jahrzehnten geführte kontroverse Diskussion darum, wie die Unterrichtung im Lesen und Rechtschreiben in den ersten Schuljahren gestaltet werden sollte, damit möglichst alle Kinder die notwendigen Kompetenzen in den beiden Bereichen Lesen und Rechtschreiben erwerben. Zu den umstrittenen Lehrkonzepten gehören z. B. das Lesen und Schreiben lernen nach der Ganzwortmethode, die zu Recht aufgegeben wurde, da diese Methode nicht zu den erwarteten Lernerfolgen im Schriftspracherwerb führte.

Die Methode Lesen durch Schreiben, die in den letzten Jahren sehr populär war und sich in nicht wenigen Lehrplänen wiederfand, kann insbesondere bei den Kindern, die ein Risiko für eine Lese- und/oder Rechtschreibstörung haben, besondere Schwierigkeiten bereiten. Ausgehend von der Annahme, dass alle Kinder in gleichem Maße zum Schriftspracherwerb befähigt sind, wird zunächst phonematisches Wissen vermittelt, auf das aufbauend auch lautgetreu verschriftlicht wird. Durch dieses Konzept der Verschriftlichung werden orthografische Prinzipien und Regelungen außer Acht gelassen, die Kinder lernen, phonematisch richtig zu schreiben, und dies oft bis zur 2. Klasse und darüber hinaus. Um Kinder zum Schreiben anzuregen wird eine Anlauttabelle verwendet, die bekanntermaßen oft kritisiert wurde, weil Laut-Buchstaben-Verbindungen dargestellt werden, die nicht sinnvoll sind (wie z. B. Igel für/i:/oder der Esel für das <e>, wobei das zweite <e> lautlich nicht hörbar ist und so eine besondere Schwierigkeit bei der Phonem-Graphem-

Zuordnung darstellt). Außerdem werden nicht die häufigen orthografischen Repräsentationen der Phoneme verwendet, sondern z.T. die seltenen (wie z.B. für den Laut/i:/den Buchstaben <i> anstatt des viel häufigeren <ie>).

Ohne den Anspruch auf Vollständigkeit erheben zu können oder zu wollen, werden nachfolgend ein paar grundlegende Wissensaspekte des Schriftspracherwerbs dargestellt, deren Berücksichtigung Kindern das Erlernen des Lesens und Rechtschreibens erleichtert.

Auswahl basaler Aspekte für die Unterrichtung des Schriftspracherwerbs

- Zur Vermittlung von Buchstaben-Laut-Beziehungen sollte man Graphem-Phonem-Korrespondenz verwenden.
- Man kann sinnvoll Basisgrapheme von den selteneren Orthographemen unterscheiden. Da die Basisgrapheme die häufigere Korrespondenz eines Phonems darstellen, sollte dies stets zuerst eingeführt werden (z.B. für den Langvokal/i:/das Basisgraphem <ie>).
- Das Buchstabieren von Wörtern sollte nicht geübt werden, da Buchstaben nicht die Laute (Phoneme) repräsentieren, sondern die Grapheme.
- Es gibt im Deutschen nicht, wie fälschlich angenommen, nur 5 Vokale, sondern 16, und drei Diphthonge (ei, eu und au).
- Für den Schriftspracherwerb ist ein systematischer Aufbau beginnend mit der Phonemanalyse und Einführung der Standardlautierung sinnvoll. Darauf aufbauend sollten Basisgrapheme und die Phonem-Graphem- sowie Graphem-Phonem-Korrespondenz eingeführt werden.
- Es gibt mehr Phoneme (Standardlaute) als Buchstaben im Deutschen.
- Es gibt eine Standardlautierung und eine Standardschreibung (beide in den entsprechenden Dudenbänden dargestellt).
- Buchstaben sind nicht Grapheme, daher bilden Buchstaben auch nicht die Laute des Alphabets ab. Buchstabennamen sollten nicht verwendet werden.
- Grapheme sind die orthografische Korrespondenz eines Phonems (z.B. korrespondiert das Phonem/ʃ/dem Graphem <sch>.
- Für den erfolgreichen Schriftspracherwerb sollten Kinder orthografisches Wissen (Regelwissen, Häufigkeiten über Buchstabenkombination und -positionen) und auch morphematisches Wissen (Erkennen von Wortstämmen z.B. bei Fahr-rad) erwerben.
- Rechtschreibregelwissen allein hilft beim Schriftspracherwerb nicht! Außerdem liegt für eine Vielzahl von orthografischen Repräsentationen von Phonemen keine Regelhaftigkeit vor!

Auch wenn die Übersicht mitnichten vollständig ist, so verweist sie doch auf wichtige Strukturen der deutschen Schriftsprache, die, wenn sie umgesetzt werden, das Lesen- und Schreibenlernen deutlich vereinfachen. Ein weiteres wichtiges Prinzip, im Anfangsunterricht wie auch in der Förderung, ist, die Aufgaben und deren Lerninhalte so zu gestalten, dass zu Beginn immer das Einfachere gelernt wird und darauf aufbauend komplexere Inhalte angeboten werden. Ebenso wichtig ist das Prinzip vom Häufigen zum Seltenen anzuwenden, d.h. zunächst z.B. die häufigen Grapheme (Basisgrapheme) als Zeichen für die Laute zu verwenden und erst, wenn die gesichert sind, die selteneren Grapheme (Orthographeme) einzuführen. Diese Prinzipien sind auch wichtig für die Auswahl des Wortmaterials für das Lesen- und Schreibenlernen. Auch wenn häufig auf einen Grundwortschatz verwiesen wird, so bedeutet dies nicht automatisch, dass hier Wörter gesammelt sind, die den häufigen Phonem-Graphem-Korrespondenzen entsprechen. Daher sollte die Lehrkraft prüfen, welches Wortmaterial verwendet wird.

8.2 Basis der schulischen Diagnostik

Die Diagnostik in der Grundschule fokussiert zunächst auf der genauen Beobachtung der individuellen Entwicklungsschritte des Kindes in den einzelnen Lernbereichen des Lesens und Rechtschreibens. In der weiterführenden Schule tritt dieser Aspekt deutlich seltener in den Vordergrund, nicht selten aufgrund der nichtzutreffenden Annahme, dass der Schriftspracherwerbsprozess abgeschlossen ist. Das Beobachten, Beschreiben, Bewerten und Einordnen der individuellen Lernfortschritte setzt voraus, dass die normale Schriftsprachentwicklung bekannt ist. Basis hierfür stellen Entwicklungsmodelle dar, wie z.B. das Stufenmodell des Lesenlernens nach Uta Frith (1985). Ausgehend von drei Entwicklungsstufen, einer vorschulischen logografischen Entwicklungsstufe, in der die Kinder, basierend auf einer vagen Vorstellung von einer Wort-Lautbeziehung, weder Lesen noch Scheiben können, folgt hierauf die alphabetische Stufe. Diese kann erst entwickelt werden, wenn die Grapheme und Phoneme eingeführt und unterschieden werden. Die besondere Herausforderung auf dieser Entwicklungsstufe besteht darin, die Graphem-Phonem-Beziehung für das Lesen und die Phonem-Graphem-Beziehung für das Schreiben zu erlernen. Auf der nächst höheren, der orthografischen Entwicklungsstufe, werden orthografische Muster der Verschriftlichung gelehrt, meist regelbasiert. Hierzu gehören beispielsweise

Schreibungen von Auslautverhärtungen, Groß- und Kleinschreibungen, von Wortstamm und Vor- und Nachsilben. In manchen Entwicklungsmodellen des Schriftspracherwerbs folgt hierauf eine morphematische Entwicklungsstufe, in der im Wesentlichen das Wortstammprinzip eingeführt wird und darauf aufbauend die Lese- und Rechtschreibfertigkeiten weiterentwickelt werden.

Auch wenn ein Stufenmodell annehmen lässt, dass Kinder in der Schriftsprachentwicklung erst die eine und dann die nächst höhere Stufe erreichen, zeigen Entwicklungsstudien, dass dies nicht zwangsläufig der Fall ist. Dies liegt zum Teil daran, dass der Leser beim Wortlesen verschiedene Strategien anwendet, abhängig von der Komplexität und der Vertrautheit mit dem Wortmaterial. Der geübte Leser, der über einen sicheren Wortschatz verfügt, liest vertraute Wörter nicht anhand der seriell ablaufenden Zuordnung von Graphem zu Phonem, sondern erkennt an gewissen Merkmalen des Wortes, dass Wortbestandteile oder Wörter in seinem mentalen Lexikon abgespeichert sind und ruft von dort die phonologische, also die sprachliche Repräsentation des Wortes ab. Parallel greift der Leser auf die semantische Repräsentation des Wortes zurück, um auch die Bedeutung des Wortes verfügbar zu haben. Ist jedoch das Wort nicht vertraut, fehlt eine entsprechende mentale Repräsentation im orthografischen Lexikon, so greift der Leser auf die bewährte, allerdings sehr zeitaufwendige Graphem-Phonem-Zuordnung zurück, um das Wort zu entschlüsseln und zu seiner Bedeutung zu gelangen. Zu erkennen, welche Strategie das Kind beim Lesen und Rechtschreiben verwendet und auf welcher Entwicklungsstufe es sich beim Schriftspracherwerb befindet, ist eine zentrale diagnostische Aufgabe der Lehrkraft. Erst auf der Basis dieses Wissens ist es möglich, die Abweichung von der normalen Entwicklung festzustellen und entsprechend zu reagieren.

Für die Diagnostik und Förderung sollten Lehrkräfte auch auf die Empfehlungen der S3-Leitlinie zur Diagnostik und Behandlung einer Lese- und/oder Rechtschreibstörung bei Kindern und Jugendlichen (AWMF, 2015) zurückgreifen. In den Leitlinien werden ausführlich die Schulleistungstests dargestellt, die in der Schule eingesetzt werden sollten. Ebenso finden sich umfangreiche Darstellungen zu Förderkonzepten und zu den empfohlenen Fördermethoden. Es liegt eine Vielzahl von Schulleistungstests vor, die es erlauben, sowohl qualitativ als auch quantitativ eine Aussage über die Lese- und Rechtschreibfähigkeit des Kindes zu machen. Mittlerweile liegen auch ausreichend Testverfahren für die weiterführenden Schulen vor, sodass bis zum Schulabschluss diagnostische Verfahren angewandt werden können. Generell gilt für die Diagnostikverfahren, dass standardisierte und normierte Testverfahren verwendet werden sollen, die nicht zu alt (deren Normen nicht älter als 10 Jahre) sind, da sie sonst die aktuelle Leistung des Kindes mit den Leistungen einer Gruppe vergleichen, die vor mindestens 10 Jahren untersucht wurde. Da sich die Lese- und Rechtschreibfähigkeiten und auch der Wortschatz mit der Zeit verändern, führt ein veraltetes Testverfahren zwangsläufig zu einer Fehleinschätzung der aktuellen Leistung des Kindes im jeweiligen Testverfahren.

Neben der quantitativen Leistungsfeststellung wird nicht selten eine qualitative Leistungserfassung durchgeführt, anhand deren die Entwicklungsstufe im Lese- und/oder Rechtschreibprozess des Kindes zuverlässig beurteilbar ist. Zu den qualitativen Verfahren, die eine solche Einschätzung ermöglichen, gehört z. B. für die Rechtschreibdiagnostik die Oldenburger Fehleranalyse (OLFA) von Thomé und Thomé (2017a, 2017b), die eine Einordnung der Rechtschreibfehler zu Entwicklungsstufen in Verbindung mit Förderempfehlungen ermöglicht. Im Gegensatz zu den verbreiteten Rechtschreibtests, wie z. B. den Weingartener Rechtschreibtests für die Grundschulklassen von Peter Birkel, baut die OLFA auf der Analyse von durch die Kinder produzierten Texte auf. Im Fokus steht die individuelle „Falschschreibung" des Kindes, die anhand einer differenzierten Wortanalyse Hinweise auf das Schriftsprachentwicklungsniveau ermöglicht. Im Zentrum stehen dabei die Unterscheidung der Basisgrapheme, der häufigste Schreibung eines Phonems und die Orthographeme, die alle weiteren und selteneren Verschriftungen des Phonems abbilden. Beispielsweise ist das Basisgraphem des Lautes/o/das o, die Orthographeme oh und oo. Für das lang gesprochene/i:/ist das Basisgraphem ie und nicht, wie häufiger angenommen das i. Die Rechtschreibanalyse geht lautanalytisch von der Standardlautung über die Basisgrapheme (häufige Schreibzeichen), über die Orthographeme (seltene Schreibzeichen) zu den Wortbausteinen (Morpheme) und dann zu den Wörtern, Satzteilen, Sätzen und Texten. Die Analyse des individuellen Schreibentwicklungsniveaus ist die Basis für die individualisierte Förderung.

8.3 Grundlagen der schulischen Integration

Unabhängig davon, in welcher Schulstufe sich das Kind oder der Jugendliche mit einer LRS befindet, sind sowohl die genaue Lernbeobachtung und Diagnostik als auch die Festlegung von Förderzielen und die Integration in der Klasse wichtige Aufgaben zur erfolgreichen schulischen Integration. Hierzu gehören neben der lernförderlichen Haltung gegenüber dem Schüler, Lernfortschritte durch positives, individuelles Feedback kontinuierlich zu unterstützen. Durch das Vermeiden von Überforderung, z. B. Vermeiden von lautem Lesen (Vorlesen) oder Rechtschreiben an der Tafel, durch Gewährung von Nachteilsausgleich, z. B. durch verlängerte Lesezeit beim Erarbeiten von Texten oder Beschränkung der Lesetexte kann es gelingen, die Lernmotivation der Schülerin bzw. des Schülers mit einer LRS aufrechtzuerhalten und zu verstärken. Aspekte, wie z. B. bei Übungsmaterialien auf eine geeignete Schriftgröße (12 oder größer) zu achten, Texte mit größerem Zeilenabstand (1,5 oder 2) zu verwenden oder Schriften zu verwenden (serifenlos), die vermutlich einfacher für Kinder mit einer Lesestörung zu lesen sind, können den Leseentwicklungsprozess fördern. Bei Kindern mit einer Lesestörung sollte darauf geachtet werden, dass die Lesetexte in kleine Abschnitte durchgegliedert werden und dass durch ein unterstützendes Nachfragen sichergestellt wird, dass die Schülerin bzw. der Schüler den Lesetext verstanden hat. Bei komplexen (z. B. Fremdwörtern) oder selten auftretenden Wörtern sollte besondere Hilfen gewährt werden, indem sie mehrfach langsam vorgesprochen werden und die Wortbedeutung erklärt wird.

© Klaus Gehrmann

Da Schülerinnen bzw. Schüler mit einer Lese- und/oder Rechtschreibstörung selbst häufig frustriert sind und obwohl manche es vermeiden, dies im Unterricht oder gegenüber der Lehrkraft zu zeigen, ist es wichtig, die Schülerin bzw. den Schüler häufig, auch für kleine Fortschritte im Lesen und Rechtschreiben zu loben. Dies muss nicht immer ein ausgesprochenes Lob sein, bereits durch Gestik und Mimik kann die Lehrkraft ihre unterstützende und fördernde Haltung ausdrücken. Auch wenn eine Schülerin bzw. ein Schüler als Schülerin/Schüler mit einer LRS anerkannt ist, sollte dies nicht verbal im Unterricht als Entschuldigung für schlechtere Leistung verwendet werden. Dies führt eher zu einer Stigmatisierung als zu einer Entlastung.

Ferner gelingt eine schulische Integration besser, wenn alle unterrichtenden Lehrkräfte der Schülerin bzw. des Schülers gemeinsam unterstützend wirken. Denn die Lese- und/oder Rechtschreibstörung zeigt sich nicht nur im Fach Deutsch, sondern auch in den Fächern, die das Lesen von Texten oder das Schreiben von Sätzen und Texten erfordern.

8.4 Aspekte der schulischen Förderung

Auch die schulische Förderung sollte an den Erkenntnissen der Forschung ausgerichtet sein und die Förderprinzipien und -methoden, die in der S3-Leitlinie zur Diagnostik und Förderung von Kindern mit einer Lese- und/oder Rechtschreibstörung (AWMF, 2015) beschrieben sind, anwenden. Die evidenzbasierten Methoden der Förderung sind im Kapitel 7.1 in diesem Ratgeber zusammengefasst. Diese Methoden sind geeignet, um in der individuellen Förderung oder in der Kleingruppe eingesetzt zu werden. Die Durchführung dieser Förderkonzepte setzt voraus, dass die Lehrkraft sich mit den theoretischen und praktischen Inhalten der Diagnostik und Förderung bei der LRS auseinandergesetzt und weitergebildet hat. In allen Bundesländern gibt es in den Lehrerweiterbildungsinstituten regelmäßig Weiterbildungsangebote zur LRS (http://www.lehrerinnenfortbildung.de/cms/index.php/links-institute). Nachfolgend werden ein paar Förderprinzipien aufgezählt:

- Förderung setzt immer eine individuelle Diagnostik voraus!
- Förderung sollte kleinschrittig sein und bei den basalen Schwierigkeiten des Kindes im Schriftspracherwerb ansetzen!
- Fördereffekte zeigen sich meist nicht unmittelbar, das Kind sollte ausreichend Zeit für die Lernentwicklung haben!
- Förderung sollte nicht nur am Symptom ansetzen, sondern die Schülerin bzw. den Schüler auch emotional stärken!
- Förderung gelingt besser, wenn das Kind lernt, sich selbst zu steuern und selbst Lösungen zu entwickeln!

- Unmittelbare Rückmeldung, selbst zu den kleinsten Lernfortschritten, ist wichtig!
- Förderung sollte zunächst immer auf *einen* Förderschwerpunkt fokussieren! Das Vermengen von Lerninhalten kann zu Überforderung und Frustration bei der Schülerin bzw. beim Schüler führen.
- Die Eltern in die Förderplanung einbeziehen, sie können unterstützend wirken!
- Die Förderung sollte mit dem Kollegium, das die Klasse unterrichtet, abgesprochen sein. Wesentliche Förderprinzipien können in allen Fächern eingesetzt werden.

8.5 Integration der Eltern in die Diagnose- und Förderplanung

Eltern sollten frühzeitig über die Beobachtungen der Lehrkraft bezüglich der Schwierigkeiten ihres Kindes in der Schriftsprachentwicklung informiert werden. Es wird dringend empfohlen, die Eltern zum Gespräch einzuladen, um die schulischen Beobachtungen mitzuteilen und gleichzeitig zu erfahren, wie sich die häusliche Lernsituation darstellt. Je eher Schule und Eltern über die

Schwierigkeiten des Kindes in einen Dialog kommen, desto früher können auch die notwendigen diagnostischen Schritte eingeleitet und mit der Förderung begonnen werden. Eltern können im Gespräch berichten, wie die individuelle Entwicklung des Kindes verlaufen ist, zur Sprachentwicklung und ggf. zu früheren Entwicklungsaufgaben informieren. Ebenso können Eltern über die häuslichen Hilfen berichten, die bereits unternommen wurden, um das Kind mit seinen Problemen im Schriftspracherwerb zu unterstützen. Dabei könnte auch deutlich werden, wie ausgeprägt die Problematik ist, z. B. beim Besprechen der Hausaufgabensituation. Eltern informieren sich oft umfassend und gründlich, wenn ihr Kind Schwierigkeiten beim Lesen und Rechtschreiben entwickelt. Sie können die Schwierigkeiten treffend beschreiben und auch über die eventuell entstandenen psychischen Probleme berichten.

Die Lehrkraft kann den Eltern ihre Einschätzung zum Lernproblem schildern und Beobachtungen beschreiben, wie das Kind sich in der Klasse und im Lehrerkontakt verhält. Ist eine ausführliche Diagnostik notwendig, die meist in der Schule nicht durchgeführt werden kann, kann die Lehrkraft die Eltern bitten, diese durchführen zu lassen. Liegt eine Diagnose LRS vor, sollte die Lehrkraft mit den Eltern das schulische und ggf. das außerschulische Förderkonzept absprechen. Praktische Hilfen im Umgang mit den Hausaufgaben können dazu beitragen, ggf. angespannte und belastete Eltern-Kind-Interaktionen bei den Hausaufgaben und beim Üben positiv zu verändern. Die Lehrkraft kann den Eltern auch Informationen zu Angeboten der qualifizierten Förderung in der Region sowie zu Möglichkeiten der Unterstützung durch andere Eltern, zum Beispiel durch die Landesverbände des Bundesverbandes Legasthenie und Dyskalkulie e. V. vorschlagen (Liste der Landesverbände siehe S. 84–85).

Um eine Akzeptanz in der Elternschaft für spezifische individuelle oder auch gruppenspezifische Förderkonzepte zu schaffen, empfiehlt es sich, dieses Thema gemeinsam mit den Eltern auf den Elternabenden zu besprechen. Generell sollten Fördermaßnahmen in der Schule und zu Hause bzw. die schulische und außerschulische Förderung gut abgestimmt werden.

8.6 Nachteilsausgleich und Notenschutz

Die vordringlichen Unterstützungsmaßnahmen sollten im pädagogisch-fachdidaktischen Bereich liegen. Lehrkräfte sollten auf der Basis ihres Wissens und ihrer Erfahrung das Unterstützungsangebot an den individuellen Voraussetzungen und Bedürfnissen der Kinder ausrichten. Zwei Formen der Unterstützung, die häufig nicht klar unterschieden werden, sind der *Nachteilsausgleich* und der *Notenschutz*. Bei diesen beiden Formen der Unterstützung wird vorab geprüft, ob das Kind darauf Anspruch hat.

Mit dem Nachteilsausgleich soll der durch eine Erkrankung verursachte Nachteil der individuellen Lernmöglichkeiten ausgeglichen werden. So ist z. B. bei der Lesestörung der Nachteil, dass durch die beeinträchtigten Hirnfunktionen in sprachverarbeitenden Hirnarealen bei den Kindern das Verbinden von Graphemen mit Phonemen beim Lesen gestört ist. Dieser Nachteil ist „biologisch" begründet und krankheitsbedingt entstanden und ein Nachteilsausgleich stellt daher keine Bevorzugung der Schülerin oder des Schülers da, denn die fachlichen Anforderungen bleiben erhalten. Liegt eine Lesestörung vor und es wird beispielsweise bei der Prüfung im Rechnen eine Textaufgabe gestellt, wird durch das Vorlesen der Textaufgabe durch die Lehrkraft der Nachteil durch die Lesestörung ausgeglichen, die fachliche Anforderung an das Lösen der mathematischen Aufgabe bleibt aber erhalten. Der Nachteilsausgleich sollte aber nicht nur auf die Prüfungssituation angewandt werden, sondern auch im täglichen Unterricht.

Abzugrenzen vom Nachteilsausgleich ist der Notenschutz, der sich auf die Leistungsbewertung bezieht und nicht auf den Ausgleich eines Nachteils beim Leistungserwerb und bei der Leistungserbringung. Weitere Möglichkeiten des Nachteilsausgleichs sind der Einsatz von Diktiergeräten bei der Rechtschreibstörung und das nachträgliche Schreiben des diktierten Textes. Die folgende Übersicht fasst verschiedene Formen des Nachteilsausgleichs zusammen.

Mögliche Formen des Nachteilsausgleich

1. Verlängerung der Arbeitszeit bei Prüfungen (z. B. Klassenarbeiten; Umfang unterschiedlich geregelt, von einem Viertel bis zur Hälfte der normalen Arbeitszeit).
2. Schriftliche Aufgabenstellungen werden bei einer Lesestörung in allen Fächern vorgelesen.
3. Aufgabenvorlagen (Texte) werden lesefreundlich gestaltet (z. B. vergrößerte Buchstaben >12pt, größerer Zeilenabstand, Lesehilfen, wie z. B. Leselineal oder Lesepfeil).

4. Ersatz von schriftlichen durch mündliche Leistungsfeststellungen und umgekehrt, bei der Bewertung mündliche und schriftliche Arbeitsformen individuell gewichten.
5. Einsatz von speziellen Arbeitsmitteln, z.B. Laptop, Diktiergerät, Leselineal.
6. Prüfungen in gesonderten Räumen in ruhiger Umgebung.
7. Umfang der Aufgabenstellungen verringern, Reduzierung der Hausaufgaben, andere Aufgaben stellen.
8. Statt einer Abschrift von Tafeltexten gedruckten Text zur Verfügung stellen oder andere Ausgleichsmaßnahmen.
9. Leistungserhebung ohne erheblichen Schreibaufwand, z.B. durch vorgefertigte Arbeitsblätter oder Multiple-choice-Fragen.
10. Leistungserhebung in den Fremdsprachen, z.B. schriftliche Vokabelkenntnisse durch mündliche Leistungsnachweise ersetzen.

Die Gewährung und Anwendung des Nachteilsausgleichs ist in den Bundesländern unterschiedlich. Daher sollten sich die Eltern über die gültige schulische Gesetzgebung des für sie relevanten Bundeslandes informieren, um die Ansprüche ihres Kindes zu kennen (siehe hierzu auch die Übersicht über Regelungen der Bundesländer zu schulischer Diagnostik, Unterstützung und Nachteilsausgleich und Notenschutz im Anhang, S. 81–83). Es gelten auch unterschiedliche Vorgehensweisen hinsichtlich der Dauer der Gewährung von Nachteilsausgleich und Notenschutz in den Bundesländern.

Das Verfahren zur Erlangung von Nachteilsausgleich und Notenschutz erfordert zunächst die Klärung der Frage, ob bei einem Kind eine Beeinträchtigung im Lesen und/oder Rechtschreiben vorliegt. Auch in der Bezeichnung der Lese-Rechtschreibstörung unterscheiden sich die schulischen Verordnungen stark voneinander. Wird durch die Schule oder durch ein von der Schule anerkanntes Verfahren (ärztliches Attest) eine Lese- und/oder Rechtschreibstörung, eine Beeinträchtigung im Erwerb des Lesens und Rechtschreibens oder besondere Schwierigkeiten beim Erwerb des Lesens und Rechtschreibens festgestellt, wird nach einer schulinternen Prüfung ein Nachteilsausgleich gewährt. Die Sorgeberechtigten und die betroffenen Schülerinnen und Schüler sollten in den Prozess der Nachteilsausgleichgewährung eng eingebunden sein. Der Nachteilsausgleich wird meist für die jeweils festgestellte Störung(en) gewährt, bei der Rechtschreibstörung für die Rechtschreibanforderungen, bei der Lesestörung für die Leseaufgaben, bei der kombinierten

Störung für beide Bereiche. Da der Nachteil bei der Rechtschreibstörung sich in allen Fächern, die eine schriftliche Bearbeitung von Aufgaben erfordern, zeigt, sollte der Nachteilsausgleich in allen Schulfächern zur Anwendung kommen. Meist wird der Nachteilsausgleich in den Fremdsprachen gewährt, sodass bei einer Rechtschreibstörung in der Prüfung auch bei einer Textproduktion im Englischen ein Zeitzuschlag gewährt wird.

Eine weitere Form der Entlastung ist der Notenschutz, der in einzelnen Bundesländern gewährt wird, wenn eine Lese- und/oder Rechtschreibstörung vorliegt. Dieser führt dazu, die im Fach Deutsch während einer Prüfung erbrachten Leistungen, z. B. die Rechtschreibleistung bei einem Diktat oder der Textproduktion (Aufsatz) bei Vorliegen einer Rechtschreibstörung nicht bewertet wird. Liegt eine Lesestörung vor, wird z. B. das laute Vorlesen nicht gewertet. Der Notenschutz sollte auch in den Fremdsprachen gewährt werden. Bei den Abschlussprüfungen wird er hingegen nicht angewandt.

9 Was können Eltern tun?

Die Unterstützungsmöglichkeiten in der Familie sind vielfältig. Ganz wesentlich ist der Rückhalt, den das Kind in seiner Familie erhält. Hierzu gehört beispielweise, das Kind emotional aufzubauen und zu unterstützen, wenn es von der Schule frustriert nach Hause kommt, an sich selbst und an seinen Fähigkeiten zweifelt. Die emotionale Unterstützung und die Anerkennung des Kindes unabhängig von seinen schulischen Leistungen sind wichtige Signale für das Kind. Nachfolgend werden wichtige Unterstützungsmöglichkeiten in der Familie vorgestellt.

Basale Unterstützungsmöglichkeiten in der Familie für ein Kind mit einer Lese- und/oder Rechtschreibstörung

1. Entlastung von Schuldgefühlen: Niemand ist persönlich an der Lese- und/oder Rechtschreibstörung schuld.
2. Ein gemeinsames Störungskonzept entwickeln: Was bedeutet die Störung für das Kind und seine Eltern, Akzeptanz für eine bestehenbleibende Beeinträchtigung entwickeln.
3. Gemeinsame Entwicklung von Lösungs- und Unterstützungsmöglichkeiten: Wer kann uns helfen, welche Hilfen gibt es? Was können wir selbst tun?
4. Bewertung von schulischen Leistungen: Die schlechte Deutschnote hat nichts mit Faulheit oder Dummheit zu tun!
5. Schule und Lernen ist nicht alles im Leben! Gemeinsame Aktivitäten jenseits von Hausaufgaben und Lernerfolg sind wichtig!
6. Hausaufgaben: Keine stundenlangen Sitzungen! Hausaufgaben zeitlich begrenzen und Hilfen geben, wo notwendig!
7. Vorsicht vor falschen Empfehlungen und Aktionismus beim Lernen: Lernen nur mit Struktur und nach fundierten Prinzipien!

9.1 Außerschulische Förderung

Die Förderung und Therapie finden oft außerhalb der Schule statt, weil Schulen häufig weder die zeitlichen Ressourcen für eine Förderung noch die Lehrkräfte haben, die eine spezifische Ausbildung für die Lese-Rechtschreibförderung besitzen. Dies trifft insbesondere für die weiterführenden Schulen zu. Die

Förderung im ambulanten Bereich findet z. B. häufig in einer Lerntherapiepraxis, in Lerninstituten, in logopädischen oder ergotherapeutischen Praxen statt. Da es keine geschützte Berufsbezeichnung für die Personen gibt, die die Förderung von Kindern und Jugendlichen mit einer LRS durchführen, sind auch die Tätigkeits- und Berufsbezeichnungen der Personen, die eine Förderung in diesem Bereich anbieten, sehr unterschiedlich. Leider ist mit dem Titel der Förderkraft (z. B. Lerntherapeutin bzw. Lerntherapeut) oder des Förderinstituts nicht zwangsläufig eine Qualifizierung des Leistungserbringers verbunden.

9.2 Qualifikation von Therapeutinnen und Therapeuten

Für Eltern ist es daher oft sehr schwierig zu beurteilen, welches private Förderangebot geeignet ist. Es gibt jedoch einige Kriterien, anhand derer die Auswahl des Förderpersonals oder Förderinstituts vorgenommen werden kann. Ein zentrales Qualifikationskriterium ist, ob die Person, die die Förderung durchführt, dafür ausgebildet ist. Für die Beurteilung ist die grundständige Ausbildung von Bedeutung. Liegt eine Ausbildung im pädagogischen, psychologischen oder medizinischen Bereich vor, kann eine basale Befähigung für die Förderung angenommen werden. Diese Einschätzung kann auch für abgeschlossene Ausbildungen in den Bereichen Ergotherapie, Logopädie, Heilpädagogik und der klinischen Linguistik übernommen werden.

Eine spezifische Aus- und Weiterbildung liegt dann vor, wenn die Therapeutinnen und Therapeuten in einer Ausbildungsstätte eine Weiterbildung, z. B. zum Dyslexietherapeuten nach BVL, durchlaufen haben. Diese zertifizierte Ausbildung, bestehend aus theoretischen und praktischen Teilen, vermittelt wissenschaftlich fundierte Kenntnisse zur Diagnostik und Therapie, enthält einen durch Supervision begleiteten Praxisteil und wird mit einer Prüfung abgeschlossen. Dieses Zertifikat können Therapeutinnen bzw. Therapeuten in vielen zertifizierten Ausbildungsstätten erwerben.

9.3 Kostenüberahme der Förderung durch die Jugendhilfe: § 35a

Ein bisher vollkommen unzureichend geklärtes Problem ist die Kostenübernahme für die ambulante Förderung. Bisher gibt es keine Möglichkeit für Eltern, eine Kostenerstattung für die Lese-Rechtschreibförderung bei den gesetzlichen oder privaten Krankenkassen zu bekommen. Der Hintergrund ist, dass eine medizinische Verordnung gemäß der Heilmittelrichtlinie nicht möglich ist, weder im Bereich der Ergotherapie noch im Bereich der Logopädie. Die Heilmittelrichtlinie schließt Maßnahmen zur Behandlung der Lese-Rechtschreibschwäche und isolierten Lernstörungen explizit aus. Folglich müssen die Eltern die Behandlung, die meist länger als ein Jahr dauert, selbst bezahlen.

In Einzelfällen, wenn bei einem Kind mit einer Lese- und/oder Rechtschreibstörung zusätzlich eine psychische Belastung oder Störung vorliegt, kann ein Antrag beim zuständigen Jugendamt gestellt werden, dass eine Maßnahme nach § 35a, SGB VIII durchgeführt wird. Diese Maßnahme setzt jedoch zwingend voraus, dass eine drohende seelische oder seelische Behinderung vorliegt, die eine Teilhabebeeinträchtigung auslöst. Die Voraussetzung zur Gewährung der sogenannten Eingliederungshilfe, in diesem konkreten Fall die Kostenübernahme für die ambulante Lese- und/oder Rechtschreibförderung, ist, dass die seelische Gesundheit mit hoher Wahrscheinlichkeit länger als sechs Monate von dem für das Lebensalter typischen Zustand abweicht und daher die Teilhabe am Leben in der Gesellschaft beeinträchtigt ist. Weiterhin muss die Jugendhilfe eine Stellungnahme eines Arztes für Kinder- und Jugendpsychiatrie und -psychotherapie, eines Kinder- und Jugendlichenpsychotherapeuten oder eines ärztlichen oder psychologischen Psychotherapeuten, der über besondere Erfahrungen auf dem Gebiet seelischer Störungen bei Kindern und Jugendlichen verfügt, einholen, um die Voraussetzungen für die Gewährung des § 35a prüfen zu können. Ob das Jugendamt die Behandlungskosten übernimmt, hängt davon ab, ob aus der fachlichen Stellungnahme und der eigenen Prüfung durch das Jugendamt hinreichend deutlich wird, dass durch die psychische oder psychosoziale Belastung des Kindes bereits eine Krankheit entstanden ist, die zu einer drohenden psychischen Störung führt oder geführt hat. Es darf sich dabei auch nicht um eine vorübergehende Störung handeln. Dies bedeutet, dass sowohl die Schwere als auch die Dauer der psychosozialen Belastung für die Einschätzung wichtig sind, ob eine Maßnahme nach § 35a gewährt wird.

Die Gewährung der Eingliederungshilfe ist daher für einen kleinen Personenkreis gedacht und nicht primär für Kinder mit einer Lese- und/oder Rechtschreibstörung. Kriterien für die Gewährung einer Eingliederungshilfe sind psychische Belastungen oder Erkrankungen, wie z. B. eine länger bestehende Angststörung, Depression, ein ADHS und/oder psychosoziale Belastungen in der Familie und/oder Schule, die die Entwicklung des Kindes mit einer Lese- und/oder Rechtschreibstörung gefährden.

In Einzelfällen werden auch im Rahmen der heilpädagogischen, ergotherapeutischen und logopädischen Verordnungen Leistungen der Förderung bei der LRS erbracht und in diesem Rahmen von den Krankenkassen erstattet. Es handelt sich aber um eine vom Umfang her beschränkte Maßnahme.

9.4 Wie können Eltern Ihr Kind selber fördern?

In Abhängigkeit von der Verfügbarkeit von schulischen und/oder außerschulischen Unterstützungsmöglichkeiten können Eltern dem Kind auch eine spezifische Förderung in den Bereichen Lesen und Rechtschreiben anbieten. Hierfür sind aber einige Voraussetzungen zu prüfen. Die wichtigste Frage dabei ist, liegen ausreichend zeitliche Ressourcen für ein gemeinsames, regelmäßiges Üben vor? Sind die Eltern oder ein Elternteil bereit, sich mit einem Förderprogramm theoretisch und praktisch auseinanderzusetzen und sich an die Strukturen des Programms zu halten? Außerdem sollte geprüft werden, wer die Eltern bei der Förderung unterstützt oder anleitet, wenn es schwierig wird oder sich keine Veränderung einstellt.

Beispiel: Rechtschreibförderung zu Hause

Ein Beispiel für ein Rechtschreibförderprogramm, das Eltern mit Anleitung zu Hause durchführen können, ist das Marburger Rechtschreibtraining, das 2001 von Schulte-Körne und Mathwig veröffentlicht wurde. Wesentliche Problembereiche von Kindern mit einer Rechtschreibstörung ab der 2. Klasse werden behandelt. Dieses Förderkonzept ist ein regelgeleitetes Rechtschreibtraining, das in 12 Kapitel unterteilt ist, die aufeinander aufbauen und jeweils mit einem Anleitungs- und Durchführungstext versehen sind. Zusätzlich werden ausgewählte Arbeits- und Lernmaterialen in einem Anhang bereitgestellt, die vor der Durchführung der einzelnen Kapitel bearbeitet werden müssen. Die einzelnen Kapitel umfassen jeweils einzelne Lernseiten mit neuen Themengebieten, hinzukommen viele Übungen mit unterschiedlichen Aufgabentypen, die sowohl Einsetzübungen als auch das Schreiben von Wörtern und Sätzen erfordern. Die Lernseiten führen einen neuen Lerngegenstand ein und verdeutlichen den Zusammenhang meist durch eine entsprechende grafische Darstellung. Im kurzen Begleittext auf der Lernseite werden die wichtigen Lerninhalte zusammengefasst. Zum Einüben der Lerninhalte wurden Entscheidungsbäume entwickelt, die in Form von einer Ja-/Nein-Antwort bzw. einer Antwortalternative ein strukturiertes Lösungsschema vorgeben. Unterstützend werden Lernkarten eingefügt, die Lernstrategien in Einzelschritte zum jeweiligen Lerngegenstand zusammenfassen.

Das Programm wurde mehrfach hinsichtlich seiner Wirksamkeit untersucht, in einer Studie auch mit Eltern. Diese Studie hat auch wesentliche Voraussetzungen aufgezeigt, die für eine häusliche Förderung erfüllt sein müssen.

Voraussetzungen für eine Förderung durch Eltern

1. Die Diagnose einer Lese- und/oder Rechtschreibstörung wurde fachärztlich gestellt.
2. Eine Beratung hinsichtlich des individuellen Förderbedarfs durch eine Fachkraft hat stattgefunden.
3. Mindestens ein Elternteil hat ausreichende zeitliche Ressourcen für eine regelmäßig stattfindende, über Wochen anhaltende Förderarbeit mit dem Kind.
4. Die Eltern-Kind-Interaktion ist durch vorangegangene Lernerfahrungen nicht belastetet und beide Eltern unterstützen diese Form der Förderung.
5. Das Kind mit einer LRS ist bereit, mit einem Elternteil über einen längeren Zeitraum regelmäßig mit dem Förderprogramm zu arbeiten.
6. Die räumlichen Anforderungen für die Förderung sind gegeben: ein ruhiger Raum mit einem Arbeitstisch und mit dem eigenen Fördermaterial.
7. Möglichkeiten der positiven Verstärkung, z.B. durch einen Belohnungsplan, sind vorhanden.

Die Durchführung zu Hause verlangt sowohl vom Elternteil, der das Programm durchführt, als auch vom Kind eine hohe Bereitschaft, sich auf das gemeinsame Üben und Lernen einzulassen. Dazu sollten feste Übungszeiten festgelegt werden. Dafür sollten die Eltern sich entsprechend Zeit nehmen und sicherstellen, dass sie tatsächlich die zeitlichen Ressourcen haben, und nicht Telefonate oder andere Aufgaben nebenbei erledigt werden müssen. Das Marburger Rechtschreibtraining ist sehr strukturiert und enthält umfangreiche Anleitungen zur Durchführung, eine Anwendung zu Hause ist daher gut möglich. Da manche Kinder sich schlecht konzentrieren können und wenig motiviert bei den Übungen sind, kann eine Verstärkung des Übens durch Belohner erfolgen. Hierzu sollte ein Belohnungsplan erstellt werden, der regelt, was verstärkt werden soll, also z. B., dass das Kind 10 Minuten bei der Übungsstunde konzentriert mitmacht. Als Belohner können beispielsweise farbige Plastikplättchen verwendet werden, die das Kind sammelt. Diese Plättchen können später, wenn eine zuvor vereinbarte Menge erreicht wurde (z. B. 5, 10 oder 20), in kleinere oder größere Verstärker (z. B. ein Spiel gemeinsam spielen, ins Schwimmbad gehen) eingetauscht werden.

Die Übungen sollten zu Hause regelmäßig, mindestens einmal, besser zweimal wöchentlich durchgeführt werden. Um eine Überforderung zu vermeiden, sollte die Übungszeit nicht länger als 30 Minuten sein. Eine intensive Vorbereitung ist notwendig. Eltern können sich zu Fragen der Umsetzung des Programms meist an die Personen wenden, die die Diagnostik durchgeführt haben.

In den letzten Jahren werden zunehmend häufiger auch Online-Förderprogramme angeboten, die sich nicht ausschließlich an Kinder mit einer LRS richten, aber auch für Kinder mit einer LRS geeignet sind. Ein Vorteil dieser Online-Angebote ist, dass sie sehr schnell und meist einfach verfügbar sind und nicht an eine außerschulische Fördereinrichtung oder Person gebunden sind. Gleichzeitig ist dies aber auch eine Einschränkung, da bei Kindern mit einer LRS und einer komorbiden Störung die Anwendung eines Online-Programms oft nicht ausreichend ist, dieses ggf. nur einen Baustein in einem umfassenden Therapiekonzept darstellen kann.

Auch Online-Programme sollten, wenn sie in der LRS-Förderung eingesetzt werden, wissenschaftliche Standards erfüllen. Dies bedeutet, dass die Konzeption der Förderung den aktuellen wissenschaftlichen Anforderungen entsprechen sollte und dass die Wirksamkeit in Studien überprüft wurde. Ein Online-Förderkonzept ist das bereits im Kapitel 7.5 erwähnte „Meister Cody"-Programm, das primär für Kinder mit einer Rechenstörung entwickelt wurde (www.meistercody.com/de/). Basierend auf den Erfahrungen der Dyskalulieförderung wurde das Leseförderkonzept „Namagi" entwickelt, das sich sehr strikt an wissenschaftlich fundierten Förderkonzepten orientiert. Eingebettet in eine Geschichte durchleben Kinder ein gemeinsames Abenteuer, das aber auch auf verschiedenen Stufen Aufgaben und Lerneinheiten enthält, die es zu bearbeiten gilt. Die Lesefähigkeit wird sehr systematisch, von der Lautunterscheidung über die Buchstaben-Laut-Zuordnung zum Wortlesen gefördert. Die Kinder sollten das Online-Angebot mehrmals in der Woche nutzen und erhalten so eine individuelle Rückmeldung über ihre Fortschritte (siehe Kapitel 7.5).

Das Lesen und Rechtschreiben zu Hause unterstützen – wichtige Empfehlungen

Neben der spezifischen Förderung, die Eltern eher selten durchführen, gibt es eine Reihe von Empfehlungen im Umgang mit der LRS im häuslichen Umfeld, die in Tabelle 2 zusammengefasst sind.

Tabelle 2: Allgemeine Empfehlungen für den Umgang mit einer LRS im häuslichen Umfeld

Lesen	• Auswahl der Lesetexte: Auf die angemessene Wortauswahl achten! Texte auswählen, die das Kind interessieren! • Gemeinsames, abwechselndes lautes Lesen. • Bei ausgeprägter Lesestörung: Wörter in Silben durchgliedern, Markierung der Silben durch Silbenbögen. • Über den Inhalt des Gelesenen sprechen: Prüfung von Textverstehen.
Rechtschreiben	• Auf die Wortwahl bei Rechtschreibübungen achten, der Wortschatz soll der Alters- bzw. Klassenstufe angemessen sein. • Wörter nach orthografischen Regelbereichen ordnen und üben. • Rechtschreibregeln helfen, jedoch nicht nur das Wissen der Regeln, sondern insbesondere wann sie wie angewandt werden, ist wichtig zu wissen. • Schreibanlässe suchen, möglichst regelmäßig Texte schreiben. • Vorsicht vor falschen Empfehlungen beim Rechtschreiben: „Schreib, wie du sprichst!“ oder „schreib, wie du es hörst!“ ist oft falsch. Auch Wortbestandteile überdeut-

Tabelle 2: Fortsetzung

	lich, z. T. falsch auszusprechen, um z. B. auf Konsonanten hinzuweisen, die man nicht hört (gehen wird wie geheeen ausgesprochen, um das h hörbar zu machen), sollte vermieden werden.
Lernumgebung	• Fehlerumgang: Keine Fixierung auf Lese- oder Rechtschreibfehler! • Ruhige Lernumgebung mit wenig Ablenkmöglichkeiten schaffen! • Positive Verstärkung durch Ermutigung und Lob, auch bei sehr kleinen Fortschritten! • Strukturierte Hausaufgabensituation: zeitlich begrenzen, vorher die Aufgaben besprechen!

In jedem Fall ist es notwendig, bevor eine familiäre Förderung in Betracht gezogen wird, immer eine Diagnostik und Beratung durch Fachleuten durchzuführen. Die Empfehlungen in Tabelle 2 gelten nur für Kinder und Jugendliche mit einer Lese- und/oder Rechtschreibstörung. Liegt dagegen eine allgemeine Lernstörung vor, die mehrere Lernbereiche betrifft, sind andere Unterstützungsmaßnahmen empfehlenswert.

9.5 Was Eltern bereits vor der Einschulung tun können

Eltern können aber auch präventiv wirken, indem sie die Zeit vor der Einschulung gemeinsam mit ihrem Kind nutzen, um es besser auf die schulischen Anforderungen im Lesen und Rechtschreiben vorzubereiten. Hierzu liegen mehrere Programme vor. Ein Programm, das auch evaluiert wurde, ist „Lass uns lesen!", das 2010 von Rückert, Kunze und Schulte-Körne veröffentlicht wurde. Ziel dieses Programmes ist es, gemeinsame Aktivitäten im Bereich Sprache mit einem oder beiden Elternteilen und dem Vorschulkind durchzuführen. Sowohl das Sprechen über interessante Texte, das Verstehen beim Zuhören als auch Aufgaben zur phonologischen Bewusstheit sind enthalten, sodass wichtige Vorläuferfertigkeiten für das Lesen- und Rechtschreiblernen gesteigert werden. „Lass uns lesen!" sollte in den letzten sechs Monaten vor der Einschulung durchgeführt werden, meist sind 16 Wochen ausreichend. Wichtig sind die Regelmäßigkeit der Durchführung der kurzen Übungen und Aufgaben sowie die Vorbereitung des Elternteils auf die Übungen. Das Programm macht aufgrund der übersichtlichen und kindgerechten Gestaltung den Kindern und den Eltern Spaß und verstärkt gemeinsame Aktivitäten. „Lass uns lesen!“ besteht aus einem einführenden Elternheft, drei fantasievoll gestalteten und farbig illustrierten Aktivitätenheften sowie einem Block mit Zusatzmaterial zum Ausschneiden und Spielen. Die Aktivitätenhefte sind nach unterschiedlichen Schwerpunkten gewichtet. Übungen zum gemeinsamen Vorlesen und zur Einführung der sechs häufigsten Buchstaben (a, o, u, e, m, s) erstrecken sich über den gesamten Trainingsverlauf. Auf einem beigefügten Protokollbogen kann das Kind selber den Fortschritt des Trainings festhalten. Die verschiedenen Inhalte der Aktivitäten zeigt Abbildung 5.

„Lass uns lesen!“ fördert nicht nur sprachliche Fertigkeiten des Kindes vor der Einschulung, sondern bereitet die Kinder auch auf die Einschulung vor. Durch das frühzeitige Erlernen, was Buchstaben und Laute sind und wie sie zusammenhängen, ist es in der ersten Klasse insbesondere für Kinder mit einem Risiko für eine LRS besser möglich, dem Unterricht zu folgen und auch Erfolge zu erzielen.

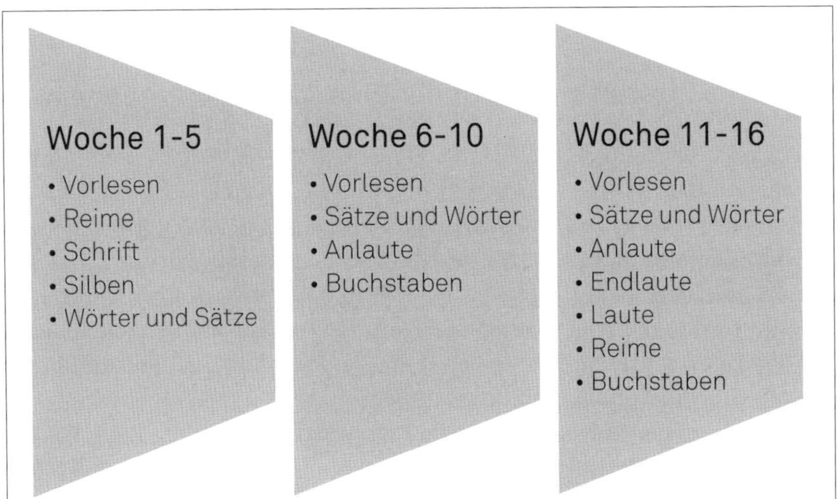

Abbildung 5: Übersicht über die Übungsthemen in den 16 Wochen von „Lass uns lesen!“ (Rückert, Kunze & Schulte-Körne, 2010)

Allerdings können die Präventionsprogramme die Entwicklung einer LRS nicht verhindern. Meist gelingt es, die Schwere der Beeinträchtigung und den Verlauf durch Prävention positiv zu beeinflussen.

9.6 Eltern und Schule

Der Kontakt zu und der Dialog mit den Lehrkräften ist ein zentraler Baustein der Unterstützung des Kindes mit einer LRS. Im Vordergrund steht der Austausch über die in der Schule beobachteten Schwierigkeiten und Stärken des Kindes. Daher sollten Eltern möglichst frühzeitig, wenn sie selbst anhaltende Schwierigkeiten bei ihrem Kind beim Lesen- und/oder Rechtschreiblernen beobachten, den Austausch mit der Deutschlehrkraft suchen. Geht die erste Initiative bzgl. des Gesprächs über die schriftsprachlichen Probleme von der Lehrkraft aus, sollten Eltern dieses Angebot unbedingt wahrnehmen. Wesentliche Themen des Gesprächs sind die Beschreibung der Lernschwierigkeiten, die Frage des Vorliegens einer Lernstörung, die notwendige Diagnostik und welche schulische Unterstützung das Kind benötigt und bekommt und wie die Eltern das Kind unterstützen können. Außerdem sollten sich die Eltern erkundigen, wenn eine Lese- und/oder Rechtschreibstörung vorliegt, wie das Kind in der Schule durch Nachteilsausgleich und ggf. Notenschutz entlastet werden kann. Wird den Eltern empfohlen oder haben Eltern den Eindruck gewonnen, dass eine umfangreiche Diagnostik notwendig ist, sollte möglichst zeitnah ein fachärztlicher Untersuchungstermin vereinbart werden, um festzustellen, ob eine Lese- und/oder Rechtschreibstörung oder andere Störungen vorliegen.

Das Ergebnis der Diagnostik, wenn sie denn außerschulisch durchgeführt wurde, sollte unbedingt den Lehrkräften zur Verfügung gestellt und mit ihnen besprochen werden. Auf der Basis der schulischen Diagnostik und Beobachtung und der fachärztlichen Diagnostik sollte ein Förder- und Therapieplan erstellt werden. Nun ist zu klären, ob in der Schule, entsprechend den diagnostischen Ergebnissen und dem Förderbedarf des Kindes, eine Förderung angeboten werden kann oder nicht. Liegt ein Förderangebot vor, sollten Eltern erfragen, wann und wie dies durchgeführt wird. Hier ist zu empfehlen, dass die Förderung von einer Lehrkraft, die dafür ausgebildet ist, individuell oder in Kleingruppen durchgeführt wird. Außerdem ist darauf zu achten, dass die Förderung nicht am Ende des Schultags angeboten wird, wenn die Konzentration des Kindes meist gering ist. Auch die Zusammensetzung der Fördergruppe ist wichtig! Es sollten möglichst Kinder mit ähnlichen Schwierigkeiten in einer Gruppe zusammengefasst werden, sonst könnte der Lernerfolg nur sehr gering sein. Wird in der Schule keine Förderung angeboten, sollten die Eltern versuchen, eine außerschulische Förderung zu bekommen. Hierzu gibt es mittlerweile viele Angebote, jedoch sind die meisten mit recht hohen Kosten verbunden, die nicht erstattet werden.

9.7 Was muss ich als Elternteil über Förderung wissen?

Es gibt sehr verschiedene Formen der Förderung, die sich sowohl in der Förderkonzeption als auch in der Fördermethode unterscheiden. Welche Methode für das eigene Kind mit einer LRS geeignet ist, hängt wesentlich von den Ergebnissen der Diagnostik und natürlich auch von den Ressourcen, die schulisch und außerschulisch zur Verfügung stehen, ab. Die Entscheidungsempfehlung, wie das Kind gefördert wird, erfolgt von Therapeutinnen und Therapeuten in Zusammenarbeit mit den Personen, die die Diagnostik durchgeführt haben.

Liegt beim Kind neben der Lese- und/oder Rechtschreibstörung auch eine psychische Belastung oder Störung vor, wie z. B. eine Angststörung, eine Depression oder eine ADHS, sollte die Therapie so gestaltet werden, dass mithilfe von psychotherapeutischen Methoden zusätzlich zur Lerntherapie diese psychischen Probleme behandelt werden. Diese Form der Behandlung ist allerdings Berufsgruppen vorbehalten, die entweder eine abgeschlossene Psychotherapieausbildung haben oder die die entsprechende Qualifikation im Rahmen ihrer Ausbildung (z. B. Fachärzte für Kinder- und Jugendpsychiatrie und -psychotherapie) erworben haben. Die Kosten für die psychotherapeutische Behandlung werden meist von den Krankenkassen übernommen, jedoch ist die Lerntherapie davon ausgeschlossen. Eine Ausnahme stellt die Leistung nach dem Sozialgesetzbuch VIII dar, die in Anspruch genommen werden kann, wenn bei einem Kind eine drohende seelische Behinderung oder eine seelische Behinderung vorliegt.

10 Was können Erzieher tun?

Erzieher können im Bereich Frühförderung und Prävention sehr wichtige Aufgaben übernehmen. Die Kindergartenzeit ist eine wichtige Phase der Entwicklung von Sprachkompetenzen, die auch bedeutsam für den späteren Schriftspracherwerb sind. Daher sind spielerische Aktivitäten zur Sprachförderung sehr zu empfehlen. Im letzten halben Jahr des Kindergartens vor der Einschulung ist eine gezielte Prävention zur Förderung der phonologischen Bewusstheit sehr zu empfehlen. Ein evaluiertes Präventionskonzept ist „Hören, lauschen, lernen" von Küspert und Schneider, erstmals 1999 veröffentlicht. Dieses Konzept ist allerdings nur in Kleingruppen (4 bis 8 Kinder) anwendbar, sodass vorab entschieden werden muss, welche Kinder daran teilnehmen. Die Dauer beträgt gemäß den Vorgaben des Programms 20 Wochen, in denen täglich ca. 10 bis 15 Minuten mit den Kindern Aufgaben und Spiele durchgeführt werden. Zu den Inhalten gehören anfänglich das genaue Hinhören in Form von Lauschspielen, es folgen Aufgaben zum Reimerkennen, dann zu Sätze und Wörtern (Was ist ein Satz, was ein Wort?), zu Silben (Silben erkennen, Wörter in Silben zerlegen und Silben zu Wörter verbinden) und zum Erkennen von Lauten (Anlaute erkennen) und zum Verbinden von Lauten. In den letzten Wochen werden Phoneme eingeführt, die die Kinder lernen zu erkennen und zu unterscheiden. In einer Erweiterung des Programms, „Hören, lauschen, lernen 2", von Plume und Schneider 2004 veröffentlicht, wird zusätzlich die Buchstabe-Laut-Verbindung geübt. Dieses zusätzliche Übungsprogramm ist sehr zu empfehlen, da es die Wirksamkeit der Prävention deutlich steigert. Dieses Präventionskonzept ist für alle Kinder sehr hilfreich, um die Voraussetzungen für den Schriftspracherwerb zu verbessern. Für Kinder mit einem Risiko für eine Lese- und/oder Rechtschreibstörung vermindert es das Risiko, eine Lese- und/oder Rechtschreibstörung zu entwickeln oder reduziert den Schweregrad der Lese- und/oder Rechtschreibstörung.

Generell gilt für diese strukturierte Prävention, dass ihre Wirksamkeit davon abhängt, dass das Programm so durchgeführt wird, wie es im Handbuch beschrieben ist. Außerdem sollten die Durchführenden sich vorher mit den Übungen, dem Material und dem inhaltlichen Konzept intensiv auseinandersetzen. In manchen Bundesländern wird das Programm für alle Kindergärten empfohlen, z. T. werden auch Schulungen zur Umsetzung angeboten.

Ein zweites, ebenfalls evaluiertes vorschulisches Förderkonzept, das von Erziehern im Kindergarten angeboten werden kann, ist das „Lobo vom Globo"-Programm von Fröhlich, Metz und Petermann (2010). Diese universelle Präventionsmaßnahme richtet sich an alle Vorschulkinder vor der Einschulung. Ziel des Programms ist es, den Kindern einen Einblick in die Lautstruktur der gesprochenen Sprachen zu geben und durch den spielerischen Charakter Freude im Umgang mit der Sprache zu vermitteln. Die spezielle Förderung soll Lese-Rechtschreibschwierigkeiten vorbeugen und den Einstieg in den Lese- und Schriftspracherwerb erleichtern. Die Kinder üben zu reimen, Wörter in Silben und Laute zu zerteilen, die Lautstruktur von Wörtern zu „erhören", des Weiteren werden das Textverständnis, die Sprachproduktion und der Wortschatz gefördert.

Die Förderung besteht aus insgesamt 24 Einheiten. Vorgesehen ist, dass zwei Einheiten pro Woche durchgeführt werden. Die Dauer der Förderung beläuft sich auf zwölf Wochen, also insgesamt drei Monate. Mit Unterbrechungen durch Ferien kann die Förderung sich auf etwa vier Monate ausdehnen.

11 Was können Kinder und Jugendliche tun?

Kinder merken oft selbst sehr früh, dass es mit dem Lesen- und oder Rechtschreibenlernen schwierig ist. Insbesondere dann, wenn die ersten Noten in den Tests und Klausuren die Schwierigkeiten bestätigen. Es folgt ein intensives Üben zu Hause und in der Schule mit Wiederholen von schulischem Unterrichtsmaterial. Meist sind die Fortschritte nur sehr gering, jedoch die Anstrengungen sehr hoch. Kinder und Jugendliche sollten nicht warten und rechtzeitig mitteilen, dass ihnen das Lernen große Probleme bereitet und sie eine andere Hilfe benötigen als das wiederholte Üben, das „nichts bringt".

11.1 In der Schule

Kinder und Jugendliche mit einer LRS sollten unbedingt den Eltern berichten, wenn sie in der Schule unter Druck geraten und sie wiederholt große Schwierigkeiten haben, beispielsweise durch hohe Leistungsanforderungen im Lesen und/oder Schreiben.

Erleben Kinder und Jugendliche zudem unfaire Äußerungen über sich, sei es von Mitschülern oder von Lehrkräften, reagieren manche Kinder und Jugendliche mit Scham und trauen sich nicht, mit ihren Eltern darüber zu sprechen. Nicht selten kommt es auf dem Schulweg, im Bus oder auf dem Nachhauseweg zu Beleidigungen durch Mitschülerinnen und Mitschüler. Wenn dies nicht nur einmal, sondern wiederholt passiert und kommen noch Rempler oder andere Dinge dazu, nennt man dieses Verhalten Mobbing. Meist sind an solchen Situationen mehrere Mitschülerinnern und Mitschüler beteiligt, es gibt normalerweise nicht nur eine Schülerin oder einen Schüler, der das betroffene Kinder bzw. die betroffene Jugendliche/den betroffenen Jugend-

lichen mit einer LRS beleidigt oder schlägt. Es gibt häufig andere Mitschülerinnen und Mitschüler, die die „Täterin“ bzw. den „Täter“ unterstützen, indem sie zuschauen, sie/ihn eventuell noch anstacheln oder zumindest gewähren lassen, indem sie zuschauen und nicht eingreifen, obwohl sie eventuell das Verhalten der Täterin bzw. des Täters nicht richtig finden. Mobbing tritt am häufigsten in der vierten Klasse und nach dem Wechsel von der vierten in die fünfte Klasse auf, wenn dieser Übertritt mit einem Schulwechsel verbunden ist. Kinder und Jugendliche sollten diese Situation nicht aushalten und denken, dass sie sich nicht wehren können oder dass es keine Hilfsmöglichkeiten gibt. Berichten Kinder ihren Eltern Mobbingerlebnisse, sollten diese umgehend mit der Klassenleitung und Schulleitung in Kontakt treten und über das Problem sprechen. Dem nicht selten geäußerten Ratschlag, dass die Kinder sich doch selbst wehren sollten, ist nicht zu folgen. Meist sind sie aufgrund ihrer Stellung in der Klasse oder auch körperlich der Täterin bzw. dem Täter und ihren/seinen Unterstützern unterlegen. Um die Situation für das Kind zu verbessern sind umfangreiche Maßnahmen notwendig. Es muss nicht nur mit der Täterin bzw. dem Täter und ihrer/seiner Familie gesprochen werden, sondern auch in der Klasse muss der Konflikt besprochen werden. Lassen sich mit solchen Methoden keine Verbesserung erzielen, sollten disziplinarische Maßnahmen gegen die Täterin bzw. den Täter und ihrer/seiner Familie durchgesetzt werden.

11.2 Zu Hause

Häufig verlieren Kinder und Jugendliche die Lust am Lesen und Schreiben, wenn sie in diesen Bereichen wiederholt Misserfolge erleben und erfahren, dass sich durch die schlechten Noten ihre späteren Ausbildungs- und Berufschancen verschlechtern. Daher ist es wichtig, dass geeignetes und vor allem die Kinder und Jugendlichen selbst interessierendes Lesematerial gefunden wird. Dies kann ein Text zum Hobby, wie z.B. Reiten und Pferde, Spieleanleitung eines neuen Spiels, Bauanleitung oder auch das Fernsehprogramm sein. Die Auswahl sollte sich primär am Interesse des Kindes orientieren. Falls beim Leseverstehen Hilfe notwendig ist, sollte diese angeboten werden. Ebenso sollten Schreibanlässe gesucht werden, um die Kinder durch positive Schreiberlebnisse zu motivieren, diese Kompetenz weiterzuentwickeln oder zumindest ein basales Schriftsprachniveau zu erhalten. Hier können neben den klassischen Anlässen wie dem Schreiben von Mails, SMS und Nachrichten über WhatsApp, abhängig von den Interessen Einkaufslisten, Wunschlisten, Nachrichten für Familienmitglieder, auch Berichte zu den Hobbys und Sport erstellt werden.

Kinder und Jugendliche sollten sich über technische Hilfsmittel informieren, wie z. B. Texterkennungssoftware und Scanner, die helfen, schriftliche Texte sich vorlesen zu lassen. Es kann insbesondere bei langen Texten sehr helfen, die Inhalte zu verstehen und vor allem Zeit beim Lesen zu ersparen.

Auch das Wissen über die schulrechtlichen Regelungen kann hilfreich sein, um beispielweise zu überprüfen, ob auch die Formen der Unterstützungen, des Nachteilsausgleichs und Notenschutzes angewandt werden, wie es das Schulrecht des betreffenden Bundeslands vorgibt.

11.3 Förderung und Therapie

Um die eigenen Lese- und Rechtschreibfertigkeiten zu verbessern können Kinder und Jugendliche selbst einiges tun. Vor allem ist es wichtig, nicht die Motivation am Lesen zu verlieren, da diese Fertigkeit in vielen Lebensbereichen sehr wichtig ist. Meist wird das Lesen von Eltern und von Lehrkräften empfohlen, obwohl es sehr schwierig ist oder zu lange dauert, bis man überhaupt den Inhalt eines Satzes verstanden hat. Daher kann es helfen, wenn man entweder mit recht einfachen Texten das Lesen übt oder sich beim Lesen abwechselt, einen Abschnitt liest man selbst, den nächsten ein Geschwisterkind, ein Elternteil oder ein guter Freund. Es gibt Förderprogramme, die systematisch das Lesen fördern. Neuerdings sind diese auch als Computerprogramme online verfügbar, die man selbst zu Hause am Tablet durchführen kann. Wichtig dabei ist, dass man regelmäßig übt, auch wenn es pro Tag nur 10 Minuten sind. Wenn das Lesen in den ersten Klassen sehr schwierig ist, hilft es, die Wörter in Silben zu durchgliedern. Dies kann durch Silbenbögen unter den Wörtern, die die Kinder selbstständig einzeichnen, unterstützt werden.

Bei der Rechtschreibung können sich die Kinder auch selbst unterstützen, indem sie lernen, Regelmäßigkeiten der Rechtschreibungen zu lernen. Oft erscheint ihnen das Schreiben sehr schwierig, da das Wissen fehlt, wie das Gehörte in die Schriftsprache umgesetzt werden soll. Hier können zwei Strategien helfen:

- Die erste ist die Durchgliederung der Wörter in ihre Bestandteile, in die Vor- und Endsilben sowie die Wortstämme. Da die Wortstämme gleich geschrieben werden kann mit diesem Prinzip eine gewisse Rechtschreibsicherheit erzielt werden. Um das Erkennen von Wortstämmen, die auch Morpheme genannt werden, zu üben, gibt es computergestützte Förderprogramme, die durch wiederholte Präsentation von Wortstämmen in Wörtern das Erkennen von diesen fördert. Durch das selbstständige Anlegen von Wortstammlisten auf Karteikarten oder in einer Word-/Exceldatei kann man auch selbst eine Auswahl der wichtigen, häufig gebrauchten Wortstämme üben.
- Die zweite Förderstrategie ist das Erlernen und Anwenden von Rechtschreibregeln. Das Auswendiglernen der Regeln stellt meist kein Problem dar, jedoch die Anwendung. Zum Beispiel die Regel, dass auf einen kurz gesprochenen Vokal zwei Konsonanten folgen. Dies gilt aber nur im Wortstamm, z. B. bei dem Wort Butter. Der kurzgesprochene, betonte Stammvokal/u/löst die folgende Konsonantenverdoppelung aus. Wenn nur ein Konsonant hörbar ist wird dieser verdoppelt. Auch für das Regeltraining gibt es Programme, die Kinder sehr gut zu Hause durchführen können, entweder als Computerprogramm oder mit klassischen Übungsblättern im Rahmen eines Rechtschreibförderprogramms. Wichtig auch bei diesem Ansatz ist, dass regelmäßig geübt wird. Dazu gehört auch das Schreiben von Sätzen und Texten.

11.4 Nach der Schule

Bei der Auswahl der beruflichen Ausbildung sollte vorab, z. B. im Rahmen der Berufsberatung, überlegt werden, wie sehr die Lese- und/oder Rechtschreibstörung die Ausbildung und die Berufsausübung beeinflussen kann. In der Berufsschule kann ebenfalls der Antrag auf Nachteilsausgleich gestellt werden (siehe hierzu Vollmer & Frohnenberg, 2014). Es empfiehlt sich auch im Ausbildungsbetrieb die Lese- und/oder Rechtschreibstörung von Beginn an anzusprechen. Dies kann helfen, Überforderung, Enttäuschung und ggf. sogar das Scheitern der Berufsausbildung zu vermeiden.

Im Studium können die jungen Erwachsenen Hilfe beim Studentenwerk suchen (siehe hierzu Deutsches Studentenwerk, 2013). Mittlerweile gibt es immer mehr Universitäten, die auch bei der Lese- und/oder Rechtschreibstörung, dort oft auch Legasthenie genannt, Nachteilsausgleich, z.B. in Form von Zeitverlängerung bei Prüfungen gewähren und veränderte Prüfungsunterlagen (übersichtliche Prüfungsaufgabe, Texte in größerer Schrift) in einzelnen Studienfächern anbieten. Regelungen hierzu finden sich z.T. in den Prüfungsordnungen der einzelnen Fächer. Bei manchen Studiengängen wird die LRS auch bei den Zulassungsverfahren berücksichtigt.

11.5 Anerkennung der LRS in Prüfungen

Außerdem sollten sich Jugendliche auch immer darüber informieren, ob es bei Prüfungen, wie z.B. der Führerscheinprüfung, Hilfen oder Entlastungen aufgrund der LRS gibt. Früher waren bei der schriftlichen Führerscheinprüfung auch Audio-Prüfungen möglich, bei denen die Prüfungsfragen auditiv präsentiert wurden. Diese Regelung ist aber nicht zulässig. Es gibt Fahrschulen, die für Menschen mit einer LRS ein intensiveres Training für die theoretische Prüfung anbieten. Übrigens wird auch bei der weniger relevanten Sportbootführerschein-Prüfung die Legasthenie anerkannt und es wird anstatt einer schriftlichen eine mündliche Prüfung durchgeführt. Für alle Verfahren der Gewährung von Nachteilsausgleich und/oder veränderten Prüfungsbedingungen ist es notwendig, ein fach- oder amtsärztliches Gutachten vorzulegen.

11.6 Selbsthilfe

Außerdem können Jugendliche sich zusammenschließen und so auf ihre Situation aufmerksam machen. Der Bundesverband Legasthenie und Dyskalkulie e.V. hat die Gründung der Jungen Aktiven im BVL (abgekürzt mit JA!) unterstützt. Dieser Zusammenschluss von Jugendlichen und jungen Erwachsenen mit einer LRS hat zum Ziel, die Vernetzung, den Austausch und die Stärkung der Jugendlichen mit einer LRS zu fördern. Diese Vernetzung führt dazu, dass ein reger Austausch über Hilfsmöglichkeiten und Erfahrungen mit der Störung stattfindet. Die Jungen Aktiven verstehen sich aber auch als Interessensgruppe, die durch Aufklärung und durch Präsenz in der Öffentlichkeit dafür kämpft, dass Kinder und Jugendliche mit einer LRS nicht für dumm und faul gehalten werden, dass ihre Stärken erkannt werden und dass die rechtlichen Vorgaben, insbesondere schulrechtliche, umgesetzt werden.

Anhang

Zitierte Literatur

AWMF (2015). *Diagnostik und Behandlung von Kindern und Jugendlichen mit Lese- und/ oder Rechtschreibstörung. Evidenz- und konsensbasierte Leitlinie (S3).* Zugriff am 12.07.2018. Verfügbar unter http://www.awmf.org/leitlinien/detail/ll/028-044.html

Deutsches Studentenwerk (Hrsg.). (2013). *Studium und Behinderung. Informationen für Studieninteressierte und Studierende mit Behinderungen und chronischen Krankheiten* (7. Aufl.). Berlin: Autor. Zugriff am 12.07.2018. Verfügbar unter www.studentenwerke.de/de/handbuch-studium-behinderung

Dilling, H., Mombour, W. & Schmidt, M.H. (2008). *Internationale Klassifikation psychischer Störungen. ICD-10 Kapitel V (F). Klinisch-diagnostische Leitlinien.* Bern: Huber.

Frith, U. (1985). Beneath the surface of developmental dyslexia. In K.E. Patterson, J.C. Mashall & M. Coltheart (Eds.), *Surface dyslexia: Neuropsychological and cognitive studies of phonological reading.* London: L. Erlbaum.

Fröhlich, L.P., Metz, D. & Petermann, F. (2010). *Förderung der phonologischen Bewusstheit und sprachlicher Kompetenzen: Das Lobo-Kindergartenprogramm.* Göttingen: Hogrefe.

Küspert, P. & Schneider, W. (1999). *Hören, lauschen, lernen. Sprachspiele für Kinder im Vorschulalter. Würzburger Trainingsprogramm zur Vorbereitung auf den Erwerb der Schriftsprache.* Göttingen: Vandenhoeck & Ruprecht.

Plume, E. & Schneider, W. (2004). *Hören, lauschen, lernen 2. Spiele mit Buchstaben und Lauten für Kinder im Vorschulalter. Würzburger Buchstaben-Laut-Training.* Göttingen: Vandenhoeck & Ruprecht.

Remschmidt, H., Schmidt, M.H. & Poustka, F. (2006). *Multiaxiales Klassifikationsschema für psychische Störungen des Kindes- und Jugendalters nach ICD-10 der WHO* (5. Aufl.). Bern: Huber.

Rückert, E.M., Kunze, S. & Schulte-Körne, G. (2010). *Lass uns lesen. Ein Eltern-Kind-Training zur Vorbereitung auf das Lesen- und Schreibenlernen.* Bochum: Winkler.

Schulte-Körne, G. & Mathwig, F. (2013). *Das Marburger Rechtschreibtraining: ein regelgeleitetes Förderprogramm für rechtschreibschwache Kinder* (5. überarb. Auflage). Bochum: Winkler.

Thomé, G. & Thomé, D. (2017a). *Oldenburger Fehleranalyse für die Klassen 1 und 2 (OLFA 1–2)* (4., verbesserte Auflage). Oldenburg: isb.

Thomé, G. & Thomé, D. (2017b). *Oldenburger Fehleranalyse für die Klassen 3–9 (OLFA 3–9)* (5., verbesserte Auflage). Oldenburg: isb.

Vollmer, K. & Frohnenberg, C. (2014). *Nachteilsausgleich für behinderte Auszubildende, Handbuch für die Ausbildungs- und Prüfungspraxis* (Reihe Berufsbildung in der

Praxis). Gütersloh: Bertelsmann. Zugriff am 12.07.2018. Verfügbar unter www.bibb.de/veroeffentlichungen/de/publication/show/7407

Empfehlungen zu Programmen zur Frühförderung und Prävention

Fröhlich, L. P., Metz, D. & Petermann, F. (2010). *Förderung der phonologischen Bewusstheit und sprachlicher Kompetenzen: Das Lobo-Kindergartenprogramm.* Göttingen: Hogrefe.

Küspert P. & Schneider W. (1999). *Hören, lauschen, lernen. Sprachspiele für Kinder im Vorschulalter. Würzburger Trainingsprogramm zur Vorbereitung auf den Erwerb der Schriftsprache.* Göttingen: Vandenhoeck & Ruprecht.

Plume, E. & Schneider, W. (2004). *Hören, lauschen, lernen 2. Spiele mit Buchstaben und Lauten für Kinder im Vorschulalter. Würzburger Buchstaben-Laut-Training.* Göttingen: Vandenhoeck & Ruprecht.

Rückert, E. M., Kunze, S. & Schulte-Körne, G. (2010). *Lass uns lesen. Ein Eltern-Kind-Training zur Vorbereitung auf das Lesen- und Schreibenlernen.* Bochum: Winkler.

Empfehlungen zu Programmen zur Lese- und Rechtschreibförderung

Behrndt, S.-M., Hoffmann, H. & Koschay, E. (2006). RoLeR-Trainingsprogramm (Rostocker Lese-/Rechtschreib-Trainingsprogramm). Bisher erschienen als Koschay, E. (2007–2014): Silben-Stämme-Stolperstellen. In S.-M. Behrndt, H. Hoffmann & E. Koschay (Hrsg.), *Kompendium zum Abbau von Schwierigkeiten beim Lesen und beim Rechtschreiben.* Eigenverlag: Greifswald/Rostock.

Dummer-Smoch, L. & Hackethal, R. (2002). *Kieler Rechtschreibaufbau.* Kiel: Veris.

Dummer-Smoch, L. & Hackethal, R. (2007). *Kieler Leseaufbau.* Kiel: Veris.

Kargl, R. & Purgstaller, C. (2010). *MORPHEUS – Morphemunterstütztes Grundwortschatz-Segmentierungstraining.* Göttingen: Hogrefe.

Lenhard, A., Lenhard, W. & Küspert, P. (2018). *Lesespiele mit Elfe und Mathis. Computerbasierte Leseförderungen für die erste bis vierte Klasse* (2., überarb. Aufl.). Göttingen: Hogrefe.

Mangstl-Fischer, A., Fischer, P., Kornherr, P. & Hechtl, M. (2007). *LRS-Training mit Gustav Giraffe: ein umfassendes Förderprogramm für die Grundschule.* Neuried: Care-Line.

Moll, K., Huemer, S. & Schulte-Körne, G. (o.J.). *Meister Cody – Namagi.* Zugriff am 12.07.2018. Verfügbar unter https://www.meistercody.com/produkte/namagi-legasthenie/

Reuter-Liehr, C. (2008). *Lautgetreue Lese-Rechtschreibförderung.* Bochum: Winkler.

Schulte-Körne, G. & Mathwig, F. (2013). *Das Marburger Rechtschreibtraining: ein regelgeleitetes Förderprogramm für rechtschreibschwache Kinder* (5. Aufl.). Bochum: Winkler.

Tacke, G. (2012). *Flüssig lesen lernen.* Stuttgart: Klett.

Übersicht über Regelungen der Bundesländer zu schulischer Diagnostik, Unterstützung und Nachteilsausgleich und Notenschutz

Bundesland	Rechtliche Basis	Quelle
Baden-Württemberg	Verwaltungsvorschrift: Seit dem 22. August 2008 gibt es in Baden-Württemberg die Verwaltungsvorschrift des Kultusministeriums zur Änderung der Verwaltungsvorschrift „Kinder und Jugendliche mit Behinderungen und besonderem Förderbedarf"	http://www.landesrecht-bw.de/jportal/?quelle=jlink&query=SchulG+BW&psml=bsbawueprod.psml&max=true
Bayern	Schulordung für Schulartübergreifende Regelungen zu Schulen in Bayern (Bayerische Schulordnung BaySchO)	www.gesetze-bayern.de/Content/Document/BaySchO2016
Berlin	Schulgesetz	http://www.schulgesetz-berlin.de/berlin/schulgesetz.php
Brandenburg	Verordnung über die Förderung von Schülerinnen und Schülern mit besonderen Schwierigkeiten im Lesen und Rechtschreiben oder im Rechnen (Lesen-Rechtschreiben-Rechnen Verordnung – LRSRV) vom 17.08.2017 Sachgebiet – Gliederungsnr.: 5530–25	http://bravors.brandenburg.de/verordnungen/lrsrv
Bremen	Richtlinien zur Förderung von Schülerinnen und Schülern mit besonderen Schwierigkeiten im Lesen, Schreiben und Rechnen (LSR-Erlass in der Fassung vom 01.02.2010)	https://www.rebuz.bremen.de/angebote/lese_rechtschreibschwaeche/schulrecht__arbeitshilfen__musterantraege-9757

Bundesland	Rechtliche Basis	Quelle
Hamburg	Richtlinie zur Förderung von Schülerinnen und Schülern mit besonderen Schwierigkeiten im Lesen, Rechtschreiben oder Rechnen zum 1. November 2006 in Kraft getreten.	http://lvl-hamburg.de/node/58
Hessen	§ 42 VOGSV – Verordnung zur Gestaltung des Schulverhältnisses (VOGSV); § 42 VOGSV – Nachteilsausgleich, Leistungsfeststellung und Leistungsbewertung bei Schülerinnen und Schülern mit besonderen Schwierigkeiten beim Lesen, Rechtschreiben oder Rechnen	http://www.rv.hessenrecht.hessen.de/lexsoft/default/hessenrecht_rv.html?doc.hl=1&doc.id=hevr-AssBFSchulAPrVHE2011rahmen&documentnumber=1&numberofresults=1&showdoccase=1&doc.part=R&paramfromHL=true#docid:7117322,45,20110916
Mecklenburg-Vorpommern	Förderung von Schülerinnen und Schülern mit besonderen Schwierigkeiten im Lesen, im Rechtschreiben oder im Rechnen – Verwaltungsvorschrift	http://service.mvnet.de/_php/download.php?datei_id=120640
Niedersachsen	Die Gültigkeitsdauer des Erlasses „Förderung von Schülerinnen und Schülern mit besonderen Schwierigkeiten im Lesen, Rechtschreiben oder Rechnen“ (LRS-Erlass) vom 04.10.2005 ist mit dem 31.12.2012 abgelaufen. Bis zur Veröffentlichung einer überarbeiteten Fassung ist der Erlass weiter anzuwenden.	http://www.mk.niedersachsen.de/schule/lehrkraefte/unterricht/schwierigkeiten_im_lesen_rechtschreiben_und_rechnen/schwierigkeiten-im-lesen-rechtschreiben-und-rechnen-6411.html
Nordrhein-Westfalen	Erlass zur Förderung von Schülerinnen und Schülern mit besonderen Schwierigkeiten im Erlernen des Lesens und Rechtschreibens (LRS)	https://www.schulministerium.nrw.de/docs/Recht/Schulrecht/Schulgesetz/index.html

Bundesland	Rechtliche Basis	Quelle
Rheinland-Pfalz	Förderung von Schülerinnen und Schülern mit besonderen Schwierigkeiten im Lesen und Rechtschreiben. Verwaltungsvorschrift des Ministeriums für Bildung, Wissenschaft, Jugend und Kultur vom 28. August 2007 (9321 - Tgb. Nr. 2308/07)	http://landesrecht.rlp.de/jportal/?quelle=jlink&docid=VVRP000000515&psml=bsrlpprod.psml
Saarland	Richtlinien zur Förderung von Schülerinnen und Schülern mit besonderen Schwierigkeiten beim Erlernen des Lesens und/oder Rechtschreibens vom 15. November 2009	http://sl.juris.de/cgi-bin/landesrecht.py?d=http://sl.juris.de/sl/gesamt/SchulOG_SL.htm#SchulOG_SL_rahmen
Sachsen-Anhalt	Bekanntmachung der Neufassung des Schulgesetzes des Landes Sachsen-Anhalt (SchulG LSA) om 22.02.2013 (GVBl. Sachsen-Anhalt 24.2013,5, S. 68 ff.), geänd. durch Gesetz vom 24.06.2014 (GVBl. Sachsen-Anhalt 25.2014,13, S. 350 ff.)	http://lvl-sachsen-anhalt.de/node/6
Schleswig-Holstein	Förderung von Schülerinnen und Schülern mit Lese-Rechtschreib-Schwäche (Legasthenie). Erlass des Ministeriums für Bildung und Wissenschaft vom 3. Juni 2013 – III 313	http://www.schulrecht-sh.de/texte/l/legasthenie.htm
Thüringen	Fachliche Empfehlung zu Fördermaßnahmen für Kinder und Jugendliche mit besonderen Lernschwierigkeiten in den allgemein bildenden Schulen (außer Förderschule) in Thüringen vom 20. August 2008	https://www.thueringen.de/imperia/md/content/tkm/schule/foerderung/fachliche_empfehlung_lernschwierigkeiten_20_08_2008.pdf

Liste der Landesverbände Legasthenie und Dyskalkulie im Bundesverband Legasthenie und Dyskalkulie e.V.

Baden-Württemberg

LVL Baden-Württemberg
Ina-Maria Lienhart
Alemannenstr. 1 c
79312 Emmendingen
E-Mail: i.Lienhart@gmx.de
www.legasthenie-lvl-bw.de

Bayern

LVL Bayern
Christine Sczygiel
Hallstattstr. 2
97265 Hettstadt
E-Mail: info@legasthenie-bayern.de
www.legasthenie-bayern.de

Berlin und Brandenburg

LVL Berlin
c/o Christel Hanke
Dambockstr. 72
13503 Berlin
kontakt@lvl-berlin.de
E-Mail: www.lvl-berlin.de
www.lvl-brandenburg.de

Bremen

LRS-Beratungsstelle im
Beratungszentrum
Fritz-Gansbergstr. 22
28213 Bremen
www.rebuz.bremen.de/angebote/lese-rechtschreibschwaeche-9659

Hamburg

LVL Hamburg
Moorbekweg 1a
22359 Hamburg
E-Mail: info@lvl-hamburg.de
www.lvl-hamburg.de

Hessen

LVL Hessen
Bahnhofstr. 15
36391 Sinntal
Tel. 06664/911677

Mecklenburg-Vorpommern

LVL Mecklenburg-Vorpommern
Ulrike Schilla-Harms
Labahnstr. 37
17424 Seebad Heringsdorf
E-Mail: u.schilla.harms@googlemail.com
www.lvl-mecklenburg-vorpommern.de

Niedersachsen

LVL Niedersachsen
Helga Furche
Malvenweg 9
26125 Oldenbug
E-Mail: gs@legasthenie-verband.de
www.legasthenie-verband.de

Nordrhein-Westfalen

LVL Landesverband NRW
Landesbeauftragte: Christel Hanke
E-Mail: hanke@ledy-nrw.de oder info@ledy-nrw.de
www.ledy-nrw.de

Rheinland-Pfalz

LVL Rheinland-Pfalz
Renate Jarosch
Gutenbergstraße 5
56179 Vallendar
E-Mail: info@legasthenie-rlp.de
www.legasthenie-rlp.de

Saarland

LVL Saarland
Silke Hess
Karl-Peters-Str. 5
66333 Völklingen
E-Mail: hess@lvl-saarland.de
www.lvl-saarland.de

Sachsen

Manuela Löschner
04668 Grimma
E-Mail: loeschner@lvl-sachsen.de
www.lvl-sachsen.de
Sachsen-Anhalt
LVL Sachsen-Anhalt
Torsten Kies
E-Mail: vorstand@lvl-sachsen-anhalt.de
www.lvl-sachsen-anhalt.de

Schleswig-Holstein

LVL Schleswig-Holstein e. V.
Mühlenberg 29
24217 Schönberg
E-Mail: info@lvl-sh.de
www.lvl-sh.de

Thüringen

IKOS Jena – Beratungszentrum für Selbsthilfe
AWO Soziales Zentrum Lobeda
Kastanienstraße 11
07747 Jena
E-Mail: ikos@awo-jena-weimar.de
www.selbsthilfe-thueringen.de/gruppe/member/47.html

Hilfreiche Adressen

Bundesverband Legasthenie und Dyskalkulie e. V.

c/o EZB Bonn
Postfach 201338
53143 Bonn
E-Mail: beratung@bvl-legasthenie.de
www.bvl-legasthenie.de

Junge Aktive im BVL

E-Mail: JA@bvl-legasthenie.de
www.facebook.com/groups/JA.JungeAktive

Fachverband integrative Lerntherapie

FiL Fachverband für integrative Lerntherapie e.V.
Rathausstraße 3b
14669 Ketzin
E-Mail: gfuehrung@lernfil.de
www.lerntherapie-fil.de

Deutscher Bildungsserver

www.bildungsserver.de

Der Deutsche Bildungsserver bietet allen Interessierten Zugang zu hochwertigen Informationen und Internetquellen.